問題提示の工夫から
話し合いの導き方まで
すべてわかる！

算数学び合い授業スタートブック

宮本博規 著

明治図書

はじめに

「子どもたち同士が学び合う場面のある算数の授業をやってみたい」。でも,「子どもの考えをうまく引き出せない」「子どもの考えをうまくつなげない」。そんな声がよく聞こえてきます。もとより,算数に限らず,今,子どもたち同士が学び合う授業は注目を浴びており,多くの学校の研究主題にも"学び合い"や"伝え合い"といった言葉が見られます。

　学校での学びのよさの1つに,いろいろな考えをもつ子どもたちが,ああでもない,こうでもないと言いながら,一緒に1つのことを追究できるということがあります。もちろん,場合によっては,1人黙々と納得するまで問題を追究することは大切です。しかし,自分なりの考えをもったうえで,それらを出し合い,みんなで共有し,目標に向かって学び合う活動が,子どもをより大きな成長へと導いてくれることは間違いありません。

　本書は,「子どもたち同士が学び合う場面のある算数の授業をぜひやってみたい」と願う先生方の想いに応えたいという気持ちでまとめたものです。とはいえ,難しいことが書いてあるわけではなく,経験の浅い若手の先生にも場面をイメージしていただきやすいように具体的な授業例に基づいてまとめられた,算数の学び合い授業の「スタートブック」です。

　授業の中で学び合うのは子どもたちです。しかし,放っておいて子どもたちが勝手に学び合いを始めるわけではなく,そこには教師による様々なしかけが求められることは言うまでもありません。また,技術的な面だけでなく,例えば,授業の中で何のために話し合いをするのかなど,学び合いに対する根本的な理解も重要になってきます。教師の理解が指導する子どもにも影響

を与えます。第1章では，以上のようなことを踏まえて，まず子どもたちが学び合うことの意味や意義にかかわることを確認することから始めました。

　第2章は問題提示の工夫，第3章は自力解決の導き方についてまとめました。これらはいずれも，授業づくりを考えるうえで必要不可欠な部分です。様々な手法を具体的な授業例の中で紹介しています。

　第4章は，話し合いの導き方についてまとめました。子どもたち全員に活躍の場を保障し，学級全員で話し合いの質を高めていくための方途を「発問・指示」や「ペア学習・グループ学習」などの視点から整理しました。

　そして，第5章はこの本のキーポイントとも言える章で，授業を動かす教師のしかけの中でも特に重要になることを，「取り上げ・つなぎ・問い返す」という3つのキーワードで，実際の授業場面に基づいてまとめています。

　最後の第6章は，授業のまとめ方・評価の仕方についてまとめています。板書構成やノート指導，そして評価などを，学力向上に直結させるという視点から整理しています。

　本書は，授業の進め方に沿って章が構成されているので，第1章から順にお読みいただければと思いますが，それぞれの章が独立した形にもなっているため，読者の先生方の関心が高い章からお読みいただいてもよいかと思います。最後になりましたが，本書の刊行にあたり明治図書の矢口郁雄氏には数多くの助言，励ましをいただき，大変お世話になりました。心より感謝申し上げます。

2015年1月

宮本博規

もくじ

はじめに

第1章
授業をスタートする前に
学び合いの下ごしらえ

1 学び合いの心を育てる
- ❶子どもの姿を丹念に見とる……12
- ❷何のために話し合うの？……17
- ❸教えてばかりでは損？……18
- ❹競争と協同……19

2 教材研究にこだわる
- ❶おもしろい問題＜本質をとらえた問題……20
- ❷子どもの実態に応じてちょっとアレンジしてみる……21

3 子どもの反応を予想し，授業展開を構想する
- ❶子どもの反応こそ最高の学習材料……22
- ❷子どもの反応を生かした授業展開の構想……23

4 板書計画をつくる
- ❶1時間の内容をコンパクトにまとめる……25
- ❷板書指導案で授業をシミュレートする……26

思わず考えてみたくなる！
問題提示の工夫

1 「素材提示」で子どもがいきいき動き出す
❶素材選びの観点……28
❷子どもが素材に対して自然に働きかける活動を仕組む……29
❸問題へのイメージを膨らませる素材提示……30
❹問題解決の必要感を高める素材提示……31

2 ちょっとしたしかけで子どもの知的好奇心をくすぐる
❶取り上げる形や提示の仕方を工夫する……33
❷プリントでちょっとした意地悪！?……35

3 問題に対する気付きや思い，問いを引き出す
❶問いを引き出しながらめあてに迫る……38
❷□の中に入る数値を考えさせることで問いを引き出す……40

4 子どもを問題に引きつける5つの手法
❶ブラインド効果……42
❷比較提示法……44
❸ゲーム化……45
❹計算問題のしかけ……46
❺No.1競争……46

5 「めあて」を子どものものにする
❶「めあて」はだれのもの？……48
❷子どもの問いが「めあて」に……49
❸「めあて」は変化する……50

第3章

どの子の思考も止まらない！
自力解決の導き方

1 問題と真剣に向き合う時間を確保する

- ❶解決や発見の喜びを数多く体験させる……54
- ❷自力解決の時間を充実させる手だて……55

2 自力解決とノート指導

- ❶ノートをダイナミックに使えるようにするために……57
- ❷ノートの機能……59
- ❸目標となるモデルノートを提示する……59

3 自力解決と机間指導

- ❶机間指導の経路を工夫する……61
- ❷子どもの反応をしっかり予想しておく……61
- ❸子どもの考え方を前向きに評価し，自信を与える……62

4 自力解決の時間をより有意義なものにするために

- ❶既習の考え方で使えるものがないかを考えさせる……63
- ❷具体的な声かけで多様な考えを引き出す……64

もくじ　7

第4章

学級全員でつくり上げる！
話し合いの導き方

1 質の高い話し合いを実現するための手だて

❶子どもの考えの取り上げ方……66
❷子どもの考えのかかわらせ方……68
❸話し合いの収束，議論の整理の仕方……70

2 段階的な発問・指示で話し合いを組織する

❶発問・指示を段階的に構成する……71
❷発問・指示を段階的に構成した授業例……71

3 ペア学習・グループ学習を効果的に取り入れる

❶ペア学習・グループ学習で育つ力……75
❷ペア学習が生きる場面……76
❸グループ学習が生きる場面……76
❹ペア学習・グループ学習で配慮すべきこと……78

4 話し合いでは物がモノを言う

❶言葉の空中戦に陥らないために……79
❷授業の準備をしっかり整えるために……80

5 話し合いの拡散をコントロールする

❶子どもの思考，話し合いの拡散……81
❷収束のシグナルとなる指示を出す……82

6 教師が子どもに，子どもが子どもに寄り添う

❶教師が子どもに寄り添う姿勢……83
❷友だちの考えに寄り添う意識の育て方……83

第5章

取り上げ・つなぎ・問い返す
授業を動かす教師のしかけ

1 取り上げ・つなぎ・問い返す

❶学び合いの授業の課題……86
❷「取り上げ・つなぎ・問い返す」教師の一連の活動……87
❸「取り上げ・つなぎ・問い返す」一連の活動の実際……87

2 子どもの考えの取り上げ方

❶子どもの反応のとらえ方……91
❷「素朴な考え」からのスタート……92
❸「つまずき」からのスタート……93
❹「数理に直結した考え」からのスタート……94
❺考えを取り上げる場面での教師の反応……97
❻子どもの言葉を聞き間違えたふりをする……98
❼他人事にしてしゃべらせる……98

3 子どもの考えのつなぎ方

❶聞く力を育てる……99
❷考えをつなぐための8つの力……100
❸話す力を育てる……105
❹子どものつなぐ意識を育てるために……106

4 子どもへの問い返し方

❶問い返しの有効性……108
❷問い返しで学び合いの質を高める……109

もくじ　9

学力向上に直結！
授業のまとめ・評価の工夫

1 子どもの考えや言葉を大事にした授業のまとめ
- ❶「めあて」に対応したまとめ……114
- ❷板書を生かしたまとめ……116
- ❸学習内容の定着につながるまとめ……117

2 授業の振り返りができる板書づくり
- ❶1枚の黒板から45分の授業展開が見えるか……118
- ❷子どもの考えや言葉が主役の板書づくり……119
- ❸板書の動的な活用……120
- ❹活用性のあるノートづくり……120

3 学習過程を評価する
- ❶子どものつぶやきを評価する……122
- ❷板書とノートから振り返る自己評価……123

主な参考文献

第1章

授業をスタートする前に

学び合いの下ごしらえ

1 学び合いの心を育てる

　他の先生の授業を参観すると「こんな子どもたちに育てたいな」「こんな発言を引き出したいな」と思うことはありませんか。また，授業をしながら「ここであんな発言がほしいな」と思うことはありませんか。学び合いの実現には，普段の授業を通して，子どもの学び合いの心と姿勢を地道に育てていくことが大切です。

子どもの姿を丹念に見とる

❶ 子どもが思わず発する小さなつぶやきを大切にする

　表現力の育成や言語活動の充実が叫ばれていますが，最初から理路整然とした説明ができる子どもはなかなかいません。

　そこで注目したいのが，**授業の中で子どもが思わず発するつぶやき**です。何かに気付いたときの「あっ」，疑問が生じたときの「えっ」，おどろいたときの「おー」などなど…。

　授業に工夫やしかけがあれば，自然とこういった声が聞こえてきます。「あっ」と何かに気付いた子どもは，その「あっ」に続く言葉を何かしらもっているはずです。「えっ」と疑問が生じたら，必ずその「えっ」に続く言葉を胸の内でつぶやいているはずです。

「あっ」に続く言葉を学級共通の問いにするだけで，学び合いに発展します。そのためには，子どもの興味・関心を高める問題提示の工夫が求められます。

　5年生の授業で行った，通称"イカイカ数"のひき算を例にとりましょう。

　『0〜9までの数から2つ選んで，次のようなひき算をつくります』と板書し，ある子に2つの数を選ばせます。

　Yさんが選んだ「1」と「5」の2つの数を，右のような筆算の形に変身させます。これが本時で使うイカイカ数のひき算です。

$$\begin{array}{r} 5151 \\ -\ 1515 \\ \hline \end{array}$$

　答えは3636となります。答えもイカイカ数になるわけです。

　イカイカ数のひき算がわかったところで，好きな2つの数を選んで，1問だけイカイカ数のひき算をつくるよう指示します。

$$\begin{array}{r} 6262 \\ -\ 2626 \\ \hline 3636 \end{array}$$

　「2」と「6」でイカイカ数のひき算の問題をつくりながらSさんが「えっ」という声を上げました。

　その理由を尋ねてみると，「答えがさっきと同じになったから…」と言います。

　そこで教師が「他にも答えが3636になった人いますか？」と尋ねてみると，『8484−4848』が発表されました。

$$\begin{array}{r} 8484 \\ -\ 4848 \\ \hline 3636 \end{array}$$

　すると，またSさんが「あっ」と声を上げました。

　このSさんの「あっ」というつぶやきを大事にします。『あっ』と板書し，次のように問いかけました。

　「Sさんは，どうして『あっ』と思ったのでしょうか？」

　予想できることを隣の友だちと相談するよう促した後，発表です。

　「答えがみんな3636になっているから」

　「問題の中の2つの数の差が4になっているから」

第1章　授業をスタートする前に　13

そう，Sさんは，2つの数の差に気付いて声を上げたのです。

「だったら，3636以外の他の答えのイカイカ数のひき算もつくれないかな？」と教師が問いかけ，授業はさらに展開していきました。

Sさんの「えっ」という小さなつぶやきから始まり，「あっ」というつぶやきをみんなで共有することによって，イカイカ数のもつ秘密にみんなが気付いていったのです。

学び合いは，子どもが発するこんな小さなつぶやきを大切にすることから始まります。

❷ 子どもが発する「算数言葉」に目を向ける

学び合いの心を育てるには，**自然に子どもが発する「算数言葉」に目を向ける**必要があります。授業中，子どもが説明するときに発する「例えば…」「だって…」「でも…」「だったら…」「もしも…」などの言葉です。これらは，子どもの思考を活性化し，話し合いを深める不思議な言葉です。

話し合いは，授業の中盤から後半にかけて展開されることが多いものですが，授業前半の問題をとらえる場面においてもこのような算数言葉は聞こえ

てきます。ですから，常に子どもの言葉をキャッチしようとする意識が大切です。

　2年生と行った「2けた＋2けたの筆算」の授業を例にとります。
　1から9までの9枚の数カードを提示し，「一番大きな答えになるひっ算をつくろう」と問いかけました。
　ある子がノートに「98＋76＝174」と筆算の形式で書いたので，それを黒板に取り上げました。
　ところが，説明が終わると，「もうちょっと大きな答えがあるよ」という声が聞こえます。
　私が「これより大きな答えが本当にあるの？」ととぼけると，ある子が「97＋86＝183」を黒板に書き出しました。
　「確かに183の方が大きいね」と言う私の言葉に続けて，Yさんの「だって…」という言葉が聞こえました。私が「どうして？」と尋ねる前に，すかさずYさんは私の言葉に働きかけてきたのです。
　私は，「だって…」という言葉を黒板に取り上げ，Yさんが私の言葉に働きかけてきたことをほめました。
　ここで大切なことは，すぐに「だって…」の続きを言わせてはならないということです。「だって…」を子どもたちみんなのものとして共有させるために，「だって…」の続きを，みんなに考えさせる時間を設けるのです。

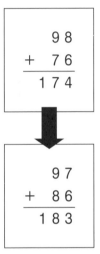

第1章　授業をスタートする前に　15

このように，子どもが発する算数言葉に着目することの重要性は，以前から筑波大学附属小学校の田中博史先生が指摘されており，文献も多数あります。

❸ 話し合いの中身や質を高める素直さ

　わからないことを「わからない」，困ったことを「困った」と言える素直さは，子どもだけでなく，大人になってもとても大切な姿勢です。この**素直さは，学び合いの基盤**でもあるのです。

　授業の中で「隣同士で話し合ってください」とか「グループで話し合ってください」といった投げかけをすることがありますが，ペアやグループで話し合う＝学び合い，ではありません。

　問題は話し合いの中身であり，その話し合いの質です。その話し合いの中身や質を高める原動力となるのが，この素直さです。

　6年生と，1辺の差が1cmの2つの正方形の面積の差を調べ，その関係を一般化することをねらいとした授業を行いました。授業は，1辺が4cmと3cmの正方形を提示し，面積の差を求める活動から始まりました。

　授業の後半には，2つの正方形を重ねたり，折ったりしながら，「どうして2つの正方形の1辺の長さをたした数が2つの正方形の面積の差になるのか」について，ペアやグループで真剣に相談し合っている様子を見ることができました。

もちろん，教師が「隣同士相談して理由を見つけましょう」と指示したからこのような姿が見られたわけですが，何度指示しても学級によっては話し合いにならないことがあります。

　両者の違いは，「ねぇ，教えて」「どうしてこうなるのかな？」といった素直な子どもの言葉が聞こえてくるかどうかです。場合によっては，「えっ，難しい」「わからないよ」といった言葉が聞こえだし，自然にグループになって話し始める場合もあります。

何のために話し合うの？

　学び合いの授業が成立するためには，子どもたちが学び合う意味，つまり学び合うことの大切さなど，**何のために学び合うのかを年齢に応じた表現で理解していることが大事**です。

　いくら教師が「グループで話し合ってみてください」と活動を促しても，子どもたちが何のために話し合うのかをまったくわかっていなければ，話し合いは充実したものにはならないでしょう。例えば，

> 　皆さんは一人ひとりすばらしい力をもっています。でも壁にぶつかるときもあります。わからないときには素直に「わからない」と言い，困ったときには困っていることを相手に伝えましょう。授業はみんなで助け合いながら学び合っていくものなのです。

などの表現で伝えてはどうでしょうか。また，

> 　まわりの友だちと協力し，互いに学び合い，高め合うことは，大人になり社会に出ていろんな人と支え合って暮らしていくときに必要な力となるのです。

第１章　授業をスタートする前に　17

というような伝え方もできます。
　低学年であれば，

> 　みんなで力を合わせることはとても大切なことです。みんなもそう思ってがんばってくれたら，先生もとってもうれしいです。

といった言い方でもよいかもしれません。

 教えてばかりでは損？

　「学び合うといっても，ぼくは友だちに教えてばかりだよ」という子どもの不満の声を聞くことがあります。
　確かに，教えてばかりだと損だという気になるのでしょう。しかし，教えるという行為は，実は教えている人にとってもプラスになります。
　熊本市教育センターでは授業づくり講座において，右のような資料を提示し，教えることのメリットを聴講に来られた先生方に伝えていました（吉田新一郎／岩瀬直樹『効果10倍の〈学び〉の技法』PHP新書 p122〜124）。
　さて，枠の中の□にはどんな言葉が入るでしょうか。ズバリ「教えた

記憶に残る割合	
・聞いたことは	10%
・見たことは	15%
・聞いて見たことは	20%
・話し合ったことは	40%
・体験したことは	80%
・□　　　　　　　　　は	90%

こと」という言葉が入ります。記憶に残る割合が一番高いのは，人に教えるという行為であるというわけです。確かに，自分の中にしっかり落ちていなければ，相手を納得させるような教え方はできません。
　このように，**教えるという行為は決して損ではなく，むしろ，教えれば教えるだけ得をする**，ということを子どもたちにも伝えておきたいものです。

競争と協同

　子どもを変える前に変わらなければならないのは教師です。全国の教室でも，競争重視から協同重視へと教師の意識改革が進んでいるところもあれば，未だに競争重視だけで学習が展開されているところもあります。

　アメリカのグループ・ダイナミックス研究者であるドイチュ氏は，協同とは「メンバーが全員同時に到達できるような目標が設定されている事態」であり，競争とは「メンバーのうち，１人でも目標に到達したら他のメンバーは目標に達することができない事態」と定義しました。

　これを，授業に置き換えると，協同の学習とはメンバー全員が目標に到達できるように行うものであり，競争の学習とはメンバーのうち１人が目標に到達することでよしとするものととらえることができます。

　しかし，競い合うことがまったく必要ないわけではありません。運動会で全員が手をつないでゴールするような姿が協同ではありません。互いによきライバルとして競い合い，切磋琢磨することは，ともに成長していくという意味では重要です。

　教師は，**全員が成長するためには，どのような授業のあり方が望ましいのかという視点を常にもっておくこと**が大切です。

❷ 教材研究にこだわる

　授業を行うに当たって教材研究は必要不可欠ですが，何度も同じ学年を経験していると，ついつい手を抜いてしまいがちです。しかし，教師にとっては何度目かの授業かもしれませんが，子どもたちにとって，それは最初で最後の授業なのです。

おもしろい問題＜本質をとらえた問題

　学習指導案を見れば，その授業の教材研究の深さが読み取れます。その授業に自分なりの課題を見いだし，自分なりの言葉で何らかの主張をしようとしている学習指導案には，思わず引き込まれます。

　しかし，大切なのは，みんなが驚くような素材を持って来て，奇抜な問題を提示することではなく，教科書の問題を生かしながら確実に提示し，しっかり子どもたちに考えさせることです。その中に少しでも授業者なりの工夫やしかけがあればもう申し分ありません。

　このように，授業の下ごしらえにおいては，**おもしろい問題を準備することよりも，学習内容の本質をとらえた問題を設定することの方が重要**です。そのためには，最低でも３社程度の教科書は見比べてみたいものです。

子どもの実態に応じてちょっとアレンジしてみる

　授業中「それでは隣同士で相談してください」と言っても，子どもたちの心の準備ができていなければ，すぐに話し合えるものではありません。知りたい。相談したい。相談して解決したい。そう子どもたちが思っていなければ，話し合いは成立しないのです。

　活動に移るときは何事もやる気，意欲が大切です。「〜したい」という気持ちがその後の展開を大きく左右します。

　子どもたちのやる気や意欲は，やはります，どんな問題やめあてを提示するか，ということで決まります。問題は教科書をベースにすればよいわけですが，最近の教科書は提示の仕方も工夫されており，どんどん進化しているので，それにしたがって提示するのは何も悪いことではありません。

　しかしやはり，**子どもの実態に応じてちょっとアレンジしてみようという試みは，意欲を高めるうえで重要**なことです。

　準備といえば，私は40歳を超えた今も大リーグで活躍するイチロー選手のことが頭をよぎります。

　イチロー選手に関する著書は何冊も出ており，読むたびにそのすごさを再確認するのですが，圧倒的な練習量とともに本番を超える準備のすごさがイチロー選手を40歳を越す今日まで支えているといいます。

　準備を完璧にすることの究極の姿は，本番にあまり興味を示さないことであり，イチロー選手にとって本番は準備の確認作業に過ぎず，本番よりも準備に多くの情熱を注ぐというのです。準備がすべて終わった時点で本番での成功は約束されている。そのようにも言っています。

　我々が毎日やっている授業にも相通じる部分があり，準備＝教材研究の大切さを再認識させられます。

第1章　授業をスタートする前に

3 子どもの反応を予想し，授業展開を構想する

「発表できる人？」と挙手を促し，子どもを指名することがあります。しかし，その後の授業展開を構想できているでしょうか。学び合いの授業を追究するうえで，子どもの反応予想とその反応に基づく授業展開の構想は，決して忘れてはならない重要な準備なのです。

子どもの反応こそ最高の学習材料

問題やめあてに対して，子どもたちがどんな解法を試み，どんな反応をするかをあらかじめ予想しておくことは重要です。

今は，教科書にも指導書にも子どもの反応例が書いてあるので，まずはそれを参考にすべきでしょう。そのうえで時間に余裕があれば，さらに細かく子どもたちの反応を予想しておきたいものです。特に，子どもがつまずきやすい部分は要チェックです。

子どもの反応は大まかに３つに分けてとらえることができます。

①つまずき，未完成のもの
②素朴な考えのもの（解決できているが数理にまでは至っていないもの）
③数理に直結しているもの（数理をとらえているより高い水準の考え）

荒木勇喜先生（熊本大学名誉教授）は，「問題やめあてに対する子どもの

反応こそ最高の学習材料だ」とよく仰っていました。学習材料といえば，提示する問題のことを連想しがちですが，教師が最も大事にしなければならないのは，子どもの思考そのものであり，子どもの反応であるということだったのです。

　本時において数理をとらえた考えや，より高い水準の考えとは具体的にどんなものなのか。

　既習内容を使って一応解決はできているけど，数理までには至っていない考えとはどんなものなのか。

　そして，この時間におけるつまずきとはどんなものなのか。

　こういったことをしっかり予想できていれば，授業展開の構想もしやすくなります。

子どもの反応を生かした授業展開の構想

　授業の準備は，子どもの反応予想で止まるわけではありません。子どもの反応を生かして，本時のねらいである数理までどのようにして到達させるのか。その**授業展開を構想しておく必要がある**のです。

　授業展開の構想でまず大事なのは，子どものどの反応を取り上げるのか，どの反応から学び合いのスタートを切るのか，ということです。これは予めある程度教師の方で決めておかなければいけません（もちろん，子どもの解決の様子を見て，予定を変更する場合も出てきます）。

　また，授業展開を構想するうえで大事になってくるのは「発問・指示」です。さらに，「教材・教具」や「学習形態」も重要です。それらをうまく組み合わせ，連動させながら授業展開を構想します。

　発問・指示は教師のセンスが大いに問われます。思わず「うまいなぁ」となってしまうような，子どもの反応を読みきっていたかのように繰り出される発問に出会うときがあります。

　教材・教具は，活動をイメージしながら準備します。歴史のある学校であ

れば，資料室等を見ると必要な教材・教具がどこかに隠れていると思います。どうしても求めている教材・教具がないときにはだれかに借りるか，自力でつくらなくてはいけません。できるだけ準備に時間をかけないようにはしたいところですが，準備の充実度が授業の明暗を分けることも少なくありません。

　学習形態については，個人で考えさせるのか，それともペアもしくはグループで考えさせるのかといったことを考えます。学習形態は，教材・教具と連動してきます。例えば，グループなら6〜8セットぐらいで済む教具も，ペアとなればその3，4倍は必要になります。

④ 板書計画をつくる

1枚の黒板に1時間の授業がドラマのごとく表現されている板書を見ると，思わずうなってしまいます。そういった板書は偶然でき上がるわけではなく，背景には事前の周到な準備があります。

1時間の内容をコンパクトにまとめる

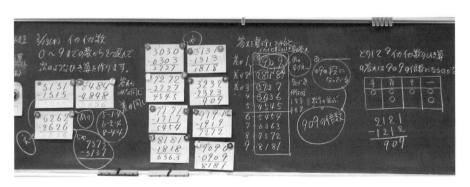

5年「イカイカ数」の板書

　板書には1時間の授業の内容が凝縮されています。
　授業に先立ってつくる板書計画についても，1枚の紙に1時間の授業の内容がひと目で見られるようにコンパクトにまとめてあることが大きな魅力であると言えます。

第1章 授業をスタートする前に　25

板書指導案で授業をシミュレートする

　学習指導案ができたら，だれもいない教室の黒板の前で模擬授業をやってみて，その動きの中から指導案を修正していくことが有効です。しかし，諸々の事情でそれができないときも，ノートを黒板に見立て，授業をシミュレートしながら，そこに板書をつくっていくことが大いに役立ちます。

　板書する問題やめあて，発問や子どもの反応はノートの黒板内にきちんと書き，板書しない発問や使う教材・教具などはノートの黒板の枠外に書いていきます。Ａ４のノートを見開きで大きく使うとよいでしょう。

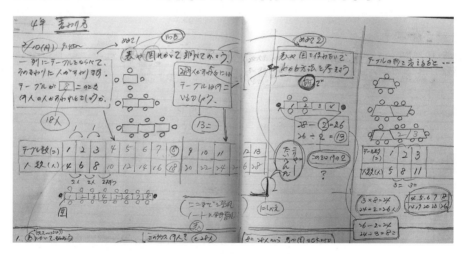

4年「変わり方調べ」の板書指導案

第2章

思わず考えてみたくなる！
問題提示の工夫

1 「素材提示」で子どもがいきいき動き出す

> 「はい，教科書○ページを開いてください」
> いつもこのような始まり方をしていると，子どもは算数の授業に興味を示さなくなってしまいます。教科書を開かせる前にやるべきことがあります。それは，これから始まる授業への期待を高め，興味・関心を抱かせることです。

素材選びの観点

　始まるや否や，思わず引き込まれてしまう算数の授業に出会うことがあります。そうなる理由の1つが，**素材の選び方や提示の仕方**です。

　例えば，2年のメートルの導入を図る「長さ」の授業において，教科書では，理科室や図工室にある長机などを取り上げています。

　ところが，ある先生が，生活で育てたひまわりを大事にとっておき，長さの導入の素材として使われたことがありました。当時の2年ではひまわりの一生を調べる学習があり，子どもたちは，春に種をまき，夏まで毎日お世話をしていました。「…のより大きい」「…だけ大きい」など，長い間ものすごい興味・関心をもちながら，お世話をしていたはずです。

　それを大事にとっておき，算数授業の素材として使ったわけです。まさに「うまい」の一言です。ひまわりは長いものになると1mを越します。2mに近いものやそれを越すものもあります。このように，学習内容にも非常に

適しており，解決の必要性も十分です。

　このように，素材選びの観点としては「子どもの実態に合っているか」「学習内容に適しているか（数学的な価値があるか）」「解決の必要感を伴っているか」といったことが大切になってきます。

❷ 子どもが素材に対して自然に働きかける活動を仕組む

　6年の「対称」で，アルファベットを素材として授業を行いました。
　26文字のアルファベットを対称性を観点に仲間分けしたらおもしろいかな，というごく単純な思いつきでしたが，どういう形でアルファベットを提示するかというところで壁にぶち当たりました。
　さすがに，最初から26文字すべてのアルファベットを提示するのは多すぎるので，まずはじめは「A」「D」「E」「S」「Y」「Z」の6文字を2つの仲間に分けていく活動からスタートしようとしましたが，子どもの反応はいまひとつでした。
　どうすれば，**子どもたちが素材に対してもっと自然に働きかける活動を仕組めるか**。そこで思いついたのが，アルファベット6文字に何かしらの意味をもたせるということです。そんなとき，わが子の遊んでいる玩具箱から思わず飛び込んできたのが「ＤＩＳＮＥＹ」（ディズニー）の6文字でした。
　しかし，このまま提示してもおもしろ味に欠けます。そこでさらに，アルファベットの一部を隠してみることにしました（詳しくは後述しますが，いわゆる「ブラインド効果」です）。

問題へのイメージを膨らませる素材提示

　4年では「計算のきまり」を指導します。（　　　）を用いた式を中心に，式に表し，式で考え，式のよさがわかることがこの単元のねらいです。
　　下の問題は，（　　　）を用いた総合式の学習場面です。

　　さとしさんは300円のはさみと150円のシャープペンを1つずつ買いました。500円出すとおつりはいくらでしょう。

　文章で書けば上のようになるわけですが，**問題のイメージを膨らませ，**（　　　）**を用いた総合式のよさが実感できるように，素材を提示すること**から授業に入ることにしました。
　教師は，箱の中から日ごろ子どもたちが使っているノート，のり，はさみ，マジック，シャープペンの5つを提示し，「この5つの中で何か買いたいものがあるかな？」と問いかけます。5つの中から2つのものを買うことにし，買いたいものを子どもに言わせます。
　教師は次のような値札を提示します。

ノート	のり	はさみ	マジック	シャープペン
180円	130円	300円	80円	150円

　この後，紙の500円玉での買い物の実演を行い，冒頭の問題文へとつなげていきます。
　もちろん，子どもの実態によってはいきなり文章の問題提示から始めても何の不都合もないかもしれませんが，わずか5分程度の素材提示が，問題へのイメージを膨らませるのに役立つことは間違いありません。

問題解決の必要感を高める素材提示

　かけ算九九の授業における素材選びは極めて重要です。２年生の担任になると，いつも頭を悩ませます。

　教科書にも，いろいろな工夫が見られます。ある会社では，５の段は５個入りのお菓子，２の段は１皿２個のおすし，３の段は３個入りのプリン…というように，日常生活の中から素材選びがなされています。また，ある教科書では，２人乗りのゴーカートや５人乗りのジェットコースターなど遊園地の乗り物を素材として扱っています。

　ここで紹介するのは，かけ算九九をすべて終えたまとめの授業（もしくは３年で学習するかけ算の導入の授業）です。

　まず，『いくつあるかな？』と板書し，●のシールを貼った画用紙大の用紙をア，イ，ウの順に一瞬提示します。

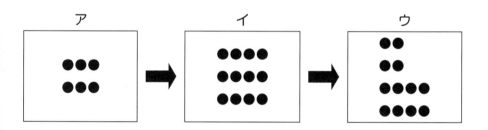

　このア，イ，ウの３枚なら，一瞬見せただけで多くの子どもたちから反応があります。

　しかし，次のエはなかなか手ごわい素材で，見せた瞬間，「えーっ！」の大合唱が起こります。

　少しずつ見せる時間を増やしながら，２，３度繰り返していくと，子どもたちは「21個だ」とか「たぶん23個だ」などと反応し始めます。

　多くの子どもたちが見当をつけ始めたところで，エの用紙を子どもたちに

配り，実際に●の個数を調べさせます。
　「24個かー」という声があちこちから聞こえてきたところで，教師は「ア，イ，ウのように，このエもパッと見ただけで，24個とわかるように並べられないかな？」と問いかけ，授業はさらに展開していきます。
　このように，**素材の提示が問題を解決する必要感を高める**場合もあります。

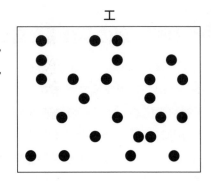

❷ ちょっとしたしかけで子どもの知的好奇心をくすぐる

　どんな授業でも，子どもはつまらなければそっぽを向くし，おもしろければ食いついてきます。ちょっとしたしかけで子どもの知的好奇心はどんどん膨らんでいきます。

取り上げる形や提示の仕方を工夫する

　2年「三角形と四角形」の授業です。
　授業の前に，厚紙でつくった以下の14種類の図形を，3～4組程度準備します。

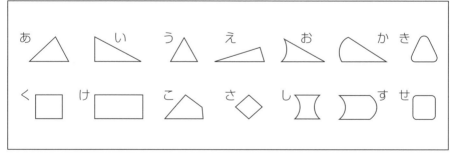

　さらに，（班が8つあるので）袋を8つつくり，14種類の図形の中から，四角形と四角形に近い図形を2個，三角形と三角形に近い図形を2個，ランダムに選び，袋に入れました。
　準備が整ったら授業開始です。袋の中に何が入っているのか興味津々の子

第2章　問題提示の工夫　33

どもたちに，次のように問いかけます。

「今日はみんなの指先を目にして，袋の中を見ないで三角形を探してください。順番にさわって三角形がいくつあるか確かめましょう」

子どもたちは指に神経を集中し，三角形探しを始めます。しばらくして，三角形と思われる図形がいくつあったか黒板に書かれた表に書き込むように促します。

班	1	2	3	4	5	6	7	8
三角形の数	1	1	2	1	2	1	2	1

「1」が続いていたのに，3班が「2」と書き込んだ瞬間，子どもたちの表情が一変し，「えーっ」「おかしいよ」といった声が一斉に上がりました。子どもたちの大半は，袋の中に入っている三角形の数（種類）は同じだと思い込んでいたのです。

再び確認しようとやおら動き始める班が出てきます。このように，袋の中に入っている三角形の数が違うだけで，教師が「本当にそうか確認してごらん」などと言わなくても，子どもたちは勝手に調べ直し始めるのです。「やっぱり1つだよ」「いや，2つかな？」と，子どもたちは改めて真剣に考え始め，最初の数を書き直しにくる班も出てきます。

ここで，袋の中から三角形と思われる図形を取り出すように指示します。それぞれの班の机には三角形と思われる図形が並びます。しばらく観察の時間をとり，他の班が選んだ図形を見て回るように促します。

そして，「これはどうかな？」と「お」の図形を取り上げ，問いかけます。

すぐに，「それは違うよ」という声が多数上がります。

「どうして違うと思うの？　先生はいいと思うけどな」ととぼけながら再び問い返すと，「ここがね…，直線じゃないから変です」と曲線の部分を指し示しながら子どもが答えます。

しかし，「でも，あとの2本は直線だよ」と教師も簡単には納得しません。

すると，ある子が「でも先生，三角形は3本ともここが直線でなきゃいけ

34

ないから…」と前時に指導した定義に返る発言が聞こえてきました。ここですかさず，子どもが言っている"ここ"のことを「辺」ということを指導するのです（「頂点」を指導する際も「き」のような角が丸い図形を取り上げ，辺のときと同様に問いかけます）。

　このように，**取り上げる形や提示の仕方を少し工夫するだけで，子どもたちの知的好奇心は大いにくすぐられる**わけです。

 プリントでちょっとした意地悪!?

　2年では，センチメートル（cm），ミリメートル（mm）を指導します。
　教科書では，えんぴつやはがき，モグラの掘った穴の長さなどで導入が図られています。
　実際の授業では，ここに子どもの知的好奇心をくすぐるちょっとしたしかけを取り入れたいものです。
　この授業では，生活科で育てたミニトマトの長さを比べるという問題を設定しましたが，**子どもに配付するプリントでちょっとした意地悪**をしました。
　授業が始まると同時に，『一番長い，ミニトマトはどれかな？』と板書します。
　そして，「今から，『あ（ア）〜う（ウ）』の3つのミニトマトがかかれたプリントを配ります。一番長いと思うミニトマトに○をつけてみてください」と子どもたちに告げます。
　子どもたちはすぐさま「どれが長いかな？」「鉛筆を使ってみようかな？」などと思い思いの言葉を口にしながら，自分の持っている鉛筆や消しゴムなどの文房具を使って長さを確かめ始めました（ここではものさしは使わせないようにします）。
　しばらくして結果を尋ねてみました。「あ（ア）」が長いと思った人はジャンケンのグーで，「い（イ）」が長いと思った人はチョキで，「う（ウ）」が長いと思った人はパーで，それぞれ挙手をさせます。

第2章　問題提示の工夫　35

すると,「あ」と「ウ」の2つに意見が分かれたのです。「えーっ」と子どもたちは驚きを隠せません。
　「絶対に『あ』だよ」「いや,『ウ』だと思うな」と繰り返し意見を主張する子どもがいれば,もう一度調べだす子どももいます。「だって先生…」理由を話そうとする子どもが出てきました。
　ここでようやく種明かしです。文章を文字で読んでくればなんとなくおわかりだと思いますが,実は子どもたちには,下のように「あ〜う」と「ア〜ウ」の2種類のプリントを配付しており,一番長いミニトマトの記号（「あ」と「ウ」）が違ったのです。

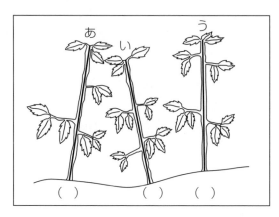

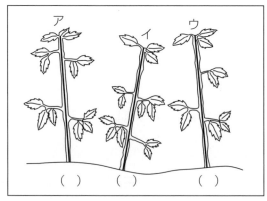

子どもたちは，当然全員同じプリントで調べていると思い込んでいました。
「先生，ずるい！」「おかしいと思った！」といった反応がひと段落したところで，子どもたちの中から「だったら，『あ』と『ウ』はどっちが長いのかな？」という言葉が飛び出しました。
　そこで，本時の問題をすかさず板書しました。
　『「あ」と「ウ」はどちらがどれだけ長いのかな？』

3 問題に対する気付きや思い，問いを引き出す

問題提示は教師の仕事です。しかし，教師が与えただけでは問題は子どものものとはなりません。大事なことは問題に対する子どもの気付きや思い，問いなどを引き出すことです。

問いを引き出しながらめあてに迫る

　授業が始まるや否や問題やめあてを提示し，計算の仕方を考えさせても，果たしてどれぐらいの子どもたちが授業についてきているでしょうか？
　自ら希望して通っている塾ならこのような導入でもよいかもしれません。しかし，学校の教室であれば，もっと子どもの興味・関心を大事にし，子どもの思考を少しずつ高めていくような手だてが必要です。
　そこで，まずは問題を教師から与えながらも，**問題に対する子どもの気付きや思い，問いを引き出しながら，一緒にめあてに迫っていく**ことを考えてみます。
　3年「わり算の筆算」の授業を例にとります。
　次のような問題文をていねいに板書します。

> 　□枚の色紙を3人で同じように分けます。
> 　1人分は何枚になるでしょう。

当然，式は「□÷3」になります。そこで，次のように問いかけます。
　「□の中に数字を1つだけ入れて，問題をつくりましょう」
　子どもたちは，思い思いの数をノートの□に書き入れます。机間指導の際に，子どもたちの書いた数を把握し，小黒板に6つの式を書き，次のように提示しました。

| 12÷3 | 22÷3 | 60÷3 |
| 600÷3 | 72÷3 | 30÷3 |

　そして，この6つの式を，計算できそうなものとそうでないものに分けさせます。つまり，既習のものと未習のものを整理するわけです。

既習　　　　　　　　　　　　　　　　　未習

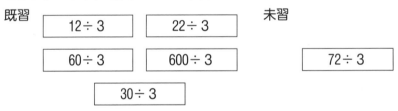

　みんなができると言った既習の5問はすぐに解かせます。黒板にも答えを書かせ，確認します。そのうえで，ちょっと尋ねてみます。
　「みんなは60÷3はできるけど，72÷3は難しいよね？」
　その言葉に，子どもたちは次々に反応します。
　「何十（1の位が0）は簡単だけど，何十何はちょっと難しいかな」
　「いや，できるかもしれない。60よりちょっと多いだけだから」
　「72を分けて考えれば…」
　このように，問題に対する子どもの気付きや思い，問いなどを十分に引き出したうえで，次のようにめあてについて言及しました。
　「それでは，今日はみんなが難しいと考える72÷3の計算はどうやれば

第2章　問題提示の工夫　39

きるのか考えてみましょう」

 □の中に入る数値を考えさせることで問いを引き出す

　□の中に入る数値を考えさせるというやり方は，子どもの問いを引き出す方法の最たるものです。
　3年「たし算の筆算」を例にとります。
　「□の中に数を入れ，挑戦してみたいたし算の筆算をつくりましょう」

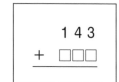

　この教師の問いかけに，子どもたちは思い思いの数を書き込んでいきます。全員が書き込んだことを確認し，起立させます。
　前の子どもから順にノートに書いた数を発表させ，発表したら座り，同じ数が出たときも座るように指示します。
　教師は，発表された数を何も言わずに下のように4つの仲間に分けながらすべて板書していきます。

800	111	148	190	567	999
200	112		194	888	
343	152		486	857	
523	436			267	
121	140			167	

　子どもたちは黒板を見ながら，どうして先生が4つに分けて数を書いているのか考え始めました。
　「あれっ？」
　「何か変だぞ！」
　そして，思わず1人の女の子が叫んだのです。

「先生，分け方の秘密がわかりました！」

　この発言によって，全員でどのようにして４つに分けて板書されているのかを追究する時間が始まりました。

　最終的には，繰り上がりのないもの，一の位が繰り上がるもの，十の位が繰り上がるもの，そして，一の位も十の位も繰り上がるものの４つに分かれることをとらえます。

　このように，子どもたちの気付きや思い，問いを通して，この単元全体にかかわるめあてに迫っていきました。

4 子どもを問題に引きつける5つの手法

　子どもを問題に引きつけ，思わず考えてみたいと感じさせるためには工夫やしかけが必要です。ここでは，様々な場面で活用可能な5つの手法を紹介します。

1 ブラインド効果

　何かを隠す。ごく単純なことですが，これは，子どもを問題に引きつけるための非常に有効な方法です。授業のポイントとなるもの（数量や図形など）をブラインドする（隠す）ことにより，**子どもを否応なしに考える場面に追い込むことができる**のです。

❶ □（四角）で隠す

　前項で紹介した「わり算の筆算」や「たし算の筆算」で用いた手法です。
　以下に紹介する4年「変わり方」の授業でも，問題文の一部を□で隠して提示することにしました。

> 1列のテーブルを並べてそのまわりに人がすわります。
> テーブルが□このとき，何人の人がすわれるでしょうか。

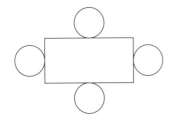 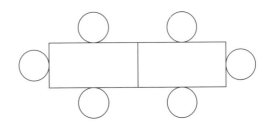

　テーブルの数が増えると，人の数も増えます。

　テーブルが１つだったら，４人座れます。テーブルが２つだったら，６人座れます。だったら，テーブルが□のときは…？　という問題になります。

---

❷ 箱で隠す

　数と計算の授業では，前述の□をよく使いますが，図形の授業で有効なのが箱です。

　例えば，６年「立体」の授業で，直方体や立方体，角柱や円柱などの立体模型を箱に入れ，手で触れるだけでどんな形かを当てるという活動は定番とも言えるものです。いきなり立体を見せられ，仲間分けの活動を促されても，なかなか学習意欲がわいてこないというのが多くの子どもの反応だと思います。このような場面で，箱で隠すというブラインド効果が力を発揮するわけです。

　もちろん，立体だけではありません。「問題へのイメージを膨らませる素材提示」の項で紹介した４年「計算のきまり」の授業でも，はさみやのり，

第２章　問題提示の工夫　43

マジックなどの素材を箱から取り出して提示しました。

　図形以外でも，ある学校では，3年の分数の導入の授業において，素材となるテープを箱の中から取り出す手法を用いて，問題提示をしていました。

❸ 袋や封筒で隠す

　エプロン袋や集金袋のような口をとじることができる袋は，平面図形を入れたり，数カードを入れたりして授業に活用できます。子どもが両手を入れて少し動かせるぐらいがちょうどいい大きさです。

　封筒や紙袋も重宝します。電子黒板などもよいですが，アナログ的な教具にも捨て難いよさがあります。

比較提示法

　量と測定の授業では何かと何かを比較する場面がよく出てきます。

　例えば，2年「長さ」の授業では「どちらがどれだけ長いか」を考える場面があります。また，4年「面積」の授業では「どちらがどれだけ大きいか」を考える場面があります。

　6年「比と比の値」の授業では，次のような問題提示が考えられます。

> 50cmの棒を立てて，影の長さを測ったら40cmでした。

他に150cmの棒Aと120cmの棒Bの影も測ってみました。どちらが50cmの棒と同じ時間に測ったものでしょう。

	影(cm)	棒(cm)
	40	50
A	120	150
B	80	120

比較提示法による出題のメリットは，なんといっても**子どもたちが反応しやすいこと**です。すなわち，回答の方法が2択や3択なので，自信がなくても，とりあえず何かしらの答えをあげることができるわけです。

③ ゲーム化

教材をゲームに変身させれば，子どもたちの学習意欲は高まり，楽しく活動できます。

実は，教材をゲーム化することの一番のねらいは，おもしろさと同時に**子どもの生きた言葉を引き出すこと**にあります。

1年の「大きな数」の授業で，教材をゲーム化して活動を行いました。何十何の数の大きさ比べの場面です。

いくつものペットボトルのふたを準備し，青色のふたを1点，赤色のふたを10点とし，つかみとりゲームを行います。

授業の中では，数に対する1年生らしい生きた言葉がたくさん聞かれ，ゲームを通して数感覚が豊かになっていく様子が見られました。

また，ゲーム化において忘れてはならないのが数カードです。特に，0から9までの10枚の数カードは必需品で，この10枚のカードだけで，様々なおもしろい授業ができます。

計算問題のしかけ

　計算問題の中から数のきまりを見いだしたり，そのきまりを小学生のレベルで証明したりする授業には，多くの子どもが熱中します。
　そこでは，**計算問題の中にしかけをつくる**ことが重要になります。
　ある学校の校内研修で，3年生を相手に次のような授業が行われました。

1　1～9の9枚のカードから3枚を選ぶ。
2　大きい順に並べた3桁の数から，小さい順に並べた3桁の数をひく。
3　答えを同じように並べ替えて計算を続ける。

　例えば，「1，3，7」を選ぶと，式は「731－137」となり，答えは594となります。
　この「4，5，9」を同じ手順で計算すると，答えが495になります。
　答えが495になれば，いくら計算しても答えは495になり，変わりま

せん。どんな3つの数を選んでも最終的に答えは495になるのです。このきまりをみんなで追究していきました。

No.1競争

　だれが一番多いか，どの班が一番大きいか…など，数や量に順位付けをし，

No.１を競う，というのも，ごく単純ですが大変有効な手法です。

例えば，３年の「かさしらべ」の授業で，子どもたちの持っている水筒を素材として，次のような学習展開を仕組むことができます。

まず，「だれの水筒に一番水が入るかな？　まず班でチャンピオンを決めよう」と投げかけます。

子どもたちからは「〇〇君の水筒がいっぱい入りそうだ」「△△さんのも大きいね」といった発言が活発に起こります。**No.１（チャンピオン）を決めるという設定にしたことで問題がグッと子どもに引き寄せられる**からです。

「どうやって比べようか？」という私の問いかけに，「大きなペットボトルに移し替えたらどうかな？」「１対１で比べ合ったらどうかな？」など，いろいろなアイデアが出てきました。

このアイデアを受けて，準備したプリンカップやヨーグルトカップ，コップなどを提示し，「今日はこれに何ばい入るかで比べよう」と任意単位の考えへと導いていきます。

5 「めあて」を子どものものにする

　算数の授業において，めあては必ず必要なものでしょうか。また，必ず板書しなければならないものでしょうか。めあてを書くことから授業を始めがちですが，果たしてそれは本当に子どものものになっているでしょうか。

「めあて」はだれのもの？

　授業において，めあてが必要か不要かと問われれば，それは当然必要であり，板書することも大事です。
　しかし，このめあてはあくまで子どもにとってのめあてであり，子どもに問いが生じてはじめて成り立つものです。
　私が新卒で赴任した学校では，めあてを「学習課題」と呼び，子どもが学び合う中で，必ず「学習課題」が変化し，本時のねらいともいうべき数理へ直結する「追い込み課題」なるものが生まれるような授業を追究していました。
　田中博史先生は，「どうしてもめあてを教師が書きたければ，最初は書いてもいいことにして，授業の中で子どもの言葉でめあての成長を書くことを教師の課題にしたらどうだろうか」と述べられています。子どもの問いに応じてめあても変化するのが当然であり，板書するなら当然変化しためあても板書すべき，というわけです。

子どもの問いが「めあて」に

では,どんな流れでめあての提示に至ることが考えられるでしょうか。

例えば,**まず問題を提示（必要ならば素材を提示）し,その問題に対して子どもたちから問いを引き出し,その問いを基にめあてを提示する**という流れが考えられます。

5年「面積」の授業で平行四辺形の求積方法を考える場面を例に考えます。

まずは,封筒の中から長方形と平行四辺形を取り出します。素材提示の場面です。そして,次のように問題を提示します。

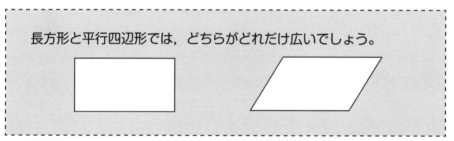

長方形と平行四辺形では,どちらがどれだけ広いでしょう。

子どもたちが必要であると言う辺の長さは教えます。長方形は4年生のときに学習済みですから,辺の長さがわかれば簡単に面積が求まるでしょう。しかし,平行四辺形の面積の求め方は辺の長さを与えてもわかりません。

ここで,「どうしたら平行四辺形の面積が求まるだろう」という問いが子どもの中に生じ,この問いが「平行四辺形の面積の求め方を考えよう」というめあてにつながります。このような手順を踏めば,めあては子どもたちのものとなるはずです。

また,このめあては,授業が進むにしたがって変化を見せます。

既習の方法が長方形と正方形の面積の求め方だけだとすれば,ここでは,平行四辺形を長方形に等積変形するしか方法はないわけですから,「平行四辺形のどこをどう切れば長方形に変形できるか考えてみよう」という新しいめあてが生まれます。

第2章 問題提示の工夫 49

「めあて」は変化する

　3年「ひき算」の授業で，めあての変化についてより詳しく見ていきたいと思います。

　「323」とか「232」のような3桁の数（ここでは"トマト数"と呼ぶことにします）同士のひき算について考えます。

　2の数カード3枚と，3の数カード3枚を提示し，3桁－3桁のひき算を筆算の形でつくらせます。いくつかの問題ができますが，ここでは，「323－232」を取り上げます。全員に解かせ，答えが91になることを確認します。そして，ここで同じ数が十の位の数を挟んでいる形の数を"トマト数"と呼ぶことにします。

　テンポよく，次は「434－343」を筆算形式で提示します。すると，計算している子どもたちの中から，「あっ」「えっ」といった声が上がります。答えが前と同じ91になったことへの反応です。

　続けて，「545－454」の問題にも挑戦させます。「またまた…」「まただ」「あははは…」笑い声まで聞こえます。トマト数のひき算は，どんな場合でも91になるのではないかという気配が濃厚になってきました。

　ところが，次の「646－464」の筆算で，空気が一変します。

　「今度は違う。91じゃない」「えっ，今度は182だ」「本当だ，182になる」…と次々に子どもの声が上がりますが，教師は，「えっ，91じゃないの？　182なんておかしいな」ととぼけてみせます。

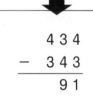

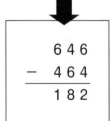

そして，たたみかけるように「７５７－５７５」の筆
算を提示します。「まただ…」と子どもの声。

そして６問目，これで最後です。「次は数が大きくな
るからね。数が大きくなると答えも大きくなるのか
な？」などと言いながら，「８７８－７８７」を提示し
ます。しかし，答えはまた91に戻り，子どもたちはいぶ
かしげな表情をしています。

ここで，黒板上で，６つの筆算を答えが91のものを上
に，答えが182のものを下に分けました。

「同じトマト数のひき算なのに，答えが91になるとき
と182になるときがあるようだね。他にも答えが91にな
るトマト数の問題ってつくれそうですか？」と投げかけ，
ペアでつくらせます。

発表させると，「２１２－１２１」「６５６－５６５」「７６７－６７６」
「９８９－８９８」などの問題があがってきました。

「あっ，わかった！」。何やら秘密に気付き始めた子どもの声が聞こえてき
ました。この授業では，ここでやっと，めあてが登場します。

$$
\begin{array}{r}
757 \\
- \quad 575 \\
\hline
182
\end{array}
$$

$$
\begin{array}{r}
878 \\
- \quad 787 \\
\hline
91
\end{array}
$$

> **答えが91になるのはどんなトマト数のときか考えよう。**

まずは，自力で考えさせます。気付いたことをノートに書くように促しま
す。かなりの子どもが何かしらに気が付いています。

ある子が以下のように発表しました。

「例えば，『５４５－４５４』を見ると答えは91で，一の位が必ず１になる
から，２つの数は5と4のように必ず１つ違いにならないといけません」

同様の答えを，別の子どもたちも言います。

「『４３４－３４３』は4と3のトマト数のひき算で，『７６７－６７６』
も7と6のトマト数のひき算で，91になるトマト数のひき算は，みんな１つ

第2章　問題提示の工夫　51

違いです」「１つ違いのトマト数だったら，答えは91です」

　発表の内容を，ペアでもう一度確認します。様子を観察すると，答えが182のときを考えているペアもいます。そこで，第２のめあての提示です。

答えが182になるのはどんなトマト数のときか考えよう。

　子どもの問いを拾った段階で，教師が吹き出しで板書してもよいでしょう。この第２のめあてについても，ペアで考えさせます。子どもたちは「６４６－４６４」や「７５７－５７５」以外の問題をつくりながら，きまりに迫っていきます。

　その後，ある子どもが以下のように発表しました。

　「答えが91のときが１つ違いだったので，182は２つの数が２つ違いのときかなと思います」

　「例えば，『５３５－３５３』の答えは182になり，一の位が５－３で，２つの数が２つ違いです」

　ここまでくれば，トマト数の２つの数の差によって答えが変化することが多くの子どもたちに見え始めてきます。

　しかし，これで終わらず，さらに第３のめあてにも迫りたいものです。

数の差が３や４のトマト数の場合の答えはどうなるか考えよう。

　これまでよりも自由度が高いので，ここはペアよりもグループ活動がおすすめです。グループ内で相談しながら答えを見いだしていきます。もちろん，数の差が３や４の場合にとどまらず，興味・関心を抱いたグループには５の場合，６の場合…と進んで探究するよう促していきます。

　このように，**授業の流れとともに子どもたちの中に次々と新しい問いが生じると，それに伴って，めあても変化していく**わけです。

52

第3章

どの子の思考も止まらない！
自力解決の導き方

① 問題と真剣に向き合う時間を確保する

　算数の授業では，たとえ少しずつでも，自分なりに問題と真剣に向き合う時間が欠かせません。しかも45分間の授業の中に，その時間をバランスよく配することが大切です。

解決や発見の喜びを数多く体験させる

　ひと昔前の算数の授業では，先生の説明を聞いてそれを理解し，ひたすら練習問題を解く，というのがお決まりのパターンでした。

　しかし，時代が変わり，そういった教え込み的な授業とは一線を画す授業スタイルが学校現場にも浸透しつつあります。例えば，教科書にも自力で考える場面が設定されており，1時間の授業に最低でも一度は，ノートに自分なりの考えを書く時間があります。

　ただ，自分なりに問題と向き合う習慣のない子どもたちは，ただ問題を提示して，自力で解いてみるように促しても，何をしてよいのかわかりません。それどころか，「そんなことしないで早く教えてほしい」というような顔をするかもしれません。

　しかし，教師はここで我慢する必要があります。**長い時間をとる必要はないので，自力で問題に挑む時間を与え**，まずは静かに子どもたちの様子を見守るのです。

　少しでもどうにかしようと解決の糸口を見いだそうとしている子どももい

れば，ノートの前のページを見返している子どももいます。また，早くからあきらめかけている子どももいれば，隣の子の解答をのぞき込んでいる子どももいます。

　自力解決の過程を大事にしようと思うならば，自力で問題に挑むことの大切さを知らせ，自力で問題に挑むことのおもしろさを経験させることです。自力で問題に挑むことは，人間の生き方そのものです。社会に出たら，まずは自力解決を要求されます。与えられた問題に常にチャレンジすること，トライすることが求められます。最終的には解決方法が見いだせなくても，そういったことを繰り返すうちに，次第に能動的な姿勢が身に付くようになります。

　自力で問題に挑むことのおもしろさは，解決や発見の喜びを数多く体験させることに尽きます。思考に合った教具や思考を促すちょっとしたヒントで，解決の体験は増えていきます。

　そうして，自力解決の時間が，自分なりに思考できるチャンスだと子どもが思えるようになればしめたものです。

自力解決の時間を充実させる手だて

　学級の中には，算数が大好きで，提示された問題に対して素早く反応し，解決できる子どもがいます。また逆に，自力では問題を解決するのが難しく，周囲からの助けが必要な子どももいます。そこで，**どのような子どもにとっても自力解決の時間を充実したものにできるような手だて**が必要になってきます。

❶ 自力での解決が難しい子どもへの手だて

　自力解決を促したら，少なくとも2，3分程度は机間を回り，子どもたちの様子を観察します。どんどん解決に向かっている子ども，必死に問題に食

らいついてくる子どもがいる一方で，中にはすでに解決をあきらめてしまっている子どももいます。

　このような自力での解決が難しい子どもに対して，解決のヒントが書かれたカードを提示することがありますが，ヒントカードは内容や与え方が悪いと機能しません。ヒントカードそのものの理解が大きな壁になるからです。

　結局"自力で"解決するのが難しいわけですから，どうしても解決に困ったときは，友だちに相談してもよいということにしておくのも１つの手だてです。また，黒板前などのスペースに集め，教師が行う小集団指導も有効です。この小集団指導で解決の見通しが立った子どもは，笑顔で自分の席に帰って行きます。もちろん，解決の見通しの立たない子どもには，同じような指導をさらにゆっくり繰り返します。

❷ 早く解決できた子どもへの手だて

　問題を早く解決できた子どもへの手だても必要です。

　答えを導くことができたら，次に，絵，図，表や式，言葉などを駆使して，自分の考えを友だちにうまく伝えるための説明の仕方を考えさせます。

　また，早く解決できた子どもには，１つの方法で解決できたからといって安心してほしくはありません。時間の許す限り，別な考えや方法はないかぜひ探ってほしいところです。表を使ってうまく解けたので，式でも解けないだろうか。どうもこの方法では不安なので，図に表して解決してみよう。いや，もっと簡単なやり方があるかもしれない…など，自問自答しながらよりよい方法を探っていきます。

　こういったことを経て，さらに時間に余裕があるのであれば，友だち同士自発的に考えを見せ合い，実際に説明し合うというのもよい学びの場になるはずです。

❷ 自力解決とノート指導

自力解決とノート指導は切っても切れない関係にあります。学び合いの授業を成立させるためにも，ノート指導は重要なポイントの１つであると言えます。

❶ ノートをダイナミックに使えるようにするために

私が初任のころ，ある先生から「授業参観に来た先生が驚くような自力解決力を子どもたちに付けてあげましょう」とよく言われました。これは，子どもが自分の考えを思いのままダイナミックに書くことができる力と言い換えられます。

❶ 表現方法の指導

子どもたちにまず指導したいのは，自分の考えをノート１ページに大きく書く，ということです。これは簡単なようで意外に難しく，子どもたちは，自信がないとノートの端っこにちょこちょこと書いてしまいがちです。むだな使い方はいけませんが，ノートはできるだけダイナミックに使わせたいものです。

また，考えを書く，といっても，何を書いてよいのかわからない子どもも多いので，様々な表現方法を指導する必要があります。

第3章　自力解決の導き方　57

低学年なら，まず操作したことをそのまま絵や図に表すことを指導します。問題場面を，絵や図に表す経験も大切です。その後が式による表現です。

　学年が上がるにしたがって，テープ図や線分図，数直線，表やグラフ，面積図が登場します。もちろん，文章で自分の考えを表現する機会もつくります。そして，いったんノートに書いたことは，できるだけ消しゴムで消さないということも指導します。

　指導を継続していくうちに，少しずつノートの空白部分が少なくなっていきます。ノートを振り返ってみると成長の過程がよくわかり，それこそが自力解決力が向上していることの証であると言えます。

❷ ノートの使い方の指導

　ノート指導の際には，子どもとノートの使い方についての約束事を設けることも必要です。

　発達段階や学習内容にもよりますが，例えば，「基本的には授業1時間に見開き2ページを使う」といったことを約束します。ただ，この約束事を厳守しようとするあまり，こぢんまりとしたノートになってしまっては意味がないので，自分の考えをダイナミックに書くことは大前提として，そのためには2ページをはみ出しても構わないことにする，といった配慮も必要です。

また，「日付」「問題文」「めあて」も必ず書くように約束した方がよいでしょう。ノートを見返したとき，「いつ」「どんな問題に」「どんなめあてで」取り組んだかがひと目でわかるようにしておくためです。

ノートの機能

❶ 思考を高める機能

　先述の通り，ノートには自力解決力を高める，すなわち思考を高める機能があります。もちろん，自力解決時だけでなく，話し合いの中で友だちの考えを書き加えたり，授業の最後に感想や気付き，わかったことなどをまとめたりすることも，思考を高めることにつながります。

❷ 整理・保存機能

　ノートは，その子自身の参考書であると言えます。授業の内容等を自分でわかりやすく整理したノートは，ある意味教科書よりも質の高い参考書です。

❸ 練習帳機能

　ノートの機能全体からみれば，算数ではこの割合が一番高いかもしれません。授業の中での問題練習や計算練習など，繰り返しの練習が結果として自力解決力を高めることにつながっているのです。

目標となるモデルノートを提示する

　教師がよい授業を見て学ぶのと同じように，子どもたちにも**友だちのよい**

第3章　自力解決の導き方

ノートを見て学ばせることが大切です。3学期にもなると、ノートの内容は充実してくるので、点検の折などにこれはと思うものをコピーしておきます。どの学年を担任してもいいように、低・中・高学年それぞれのモデルノートのコピーをストックしておきたいものです。

しかし、モデルノートとして、最初からあまりにも完璧なものを提示すると、逆に意欲が低下してしまう子どももいます。ですから、最初は基本事項がしっかり押さえられたものを提示し、書く力が高まってきたところで一段レベルの高いノートを示す、というように段階を踏む必要があります。

基本事項を押さえたノートとは、ページのはじめに日付があり、問題やめあてがしっかり書かれているもののことです。さらに、式や図、絵を用いて自分の考えがしっかり書かれている、いろいろな解き方でアプローチしている、などの視点でレベルを上げていきます。また、友だちの考えが書いてあり、そこに吹き出しなどで自分の感想やコメントが書かれている、ということも大事な視点の1つです。

たまに、ノートを班で回して見せ合ったり、机に広げて見せ合ったりするのもモデルノート提示のよい機会と言えます。

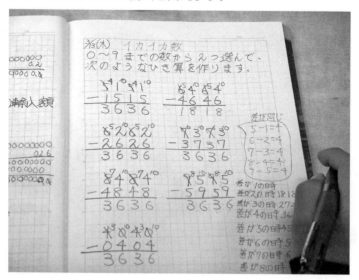

③ 自力解決と机間指導

> 子どもの反応を把握するうえでも，個別指導を行ううえでも自力解決時の机間指導は重要です。何を目的として机間を回るのか，その点をはっきりさせて指導に当たりたいものです。

① 机間指導の経路を工夫する

　机間指導の主眼は，子ども一人ひとりの反応を把握し，自力解決に導くための適切な指導を行うことです。机間指導を行う際に気を付けたいことですが，いつも同じ経路をたどるのではなく，いくつかのパターンをもっておくとよいと思います。例えば，教室の左前方からスタートしたり，右前方からスタートしたりと出発地点は偏らないようにします。学習形態がグループになっているときは，後ろのグループから始めたりもします。

② 子どもの反応をしっかり予想しておく

　机間指導の時間は限られているので，素早く子ども一人ひとりの反応を把握する必要があります。座席表に反応を書き込むなど，方法はいろいろありますが，一番大事なのは，あらかじめ子どもの反応をしっかりと予想しておくことで，それがしっかりできていればいるほど，たとえ予想を超える反応が突発的に出てきたとしても，落ち着いて対処することができます。

第3章　自力解決の導き方　61

③ 子どもの考え方を前向きに評価し，自信を与える

　机間指導を行う際，「いい図がかけてるね」「おもしろい考えだね」など，**子どもの考え方を前向きに評価する声かけ**は大切です。

　このような教師の声に元気をもらい，全体で話し合う際に勇気を出して，よい発表をしてくれる子どももいます。日ごろ発表がなかなかできない子どもには，発表ができない原因が何かあるはずです。算数が苦手で答えになかなか自信がもてなければ「間違えたらどうしよう…」と思うのは当然ですし，「自分が言わなくてもだれかが言ってくれるだろう」という姿勢の子どもも少なくありません。だからこそ，子どもの考えを積極的に評価し，自信を与えることが重要になるわけです。

　時と場合によりますが，声かけとともに，赤ペンを持って子どもの考えていることに「いいよ」「なるほど」「別のやり方で考えてみて」などと言いながら，○をつけて回ることが有効な場合もあります。赤ペンを介したコミュニケーションです。

④ 自力解決の時間を より有意義なものにするために

　自力解決の時間に，多くの子どもが正解を導いたり，多様な考え方で答えを求めることができるというのは，ある意味では理想の状態です。しかし，未習の内容を含む問題の正解をすんなり導いたり，まったく違う解き方をいくつも発想したりすることができるような子どもはなかなかいないのが現実です。

既習の考え方で使えるものがないかを考えさせる

　5年「小数のわり算」で，540÷1.8のようなわる数が小数のわり算の問題をはじめて取り上げるとき，何も言わずに出題して自力で考えさせてみると，下のように，多くの子どもたちはとりあえず筆算でそれらしい計算をしようとします。

```
          30                    3.0
    1.8 ) 5 4 0           1.8 ) 5 4 0
          5 4                   5 4 0
             0                      0
```

　仮に，答えの見当をつけて正解を導いたとしても，それでは小数でわることの意味を理解するに至ったとは言えません。
　ですから，未習の内容を含む問題を自力解決時に扱うときは，正解を求め

第3章　自力解決の導き方　63

させることよりも，**既習の考え方で使えるものがないかを考えさせることに重点を置く**ことが大切です。

　前ページの問題を例にして言うと，1.8Lを18dLに直す単位換算の考え方や，1.8は0.1が18個という0.1を単位とする考え方などです。また，小数のかけ算で用いた小数を10倍して整数に直す考え方にもぜひ触れてほしいところです。これを数直線と関連付けて考えていけば，小数でわることの意味がグンと理解しやすくなります。

　もちろん，自分で既習の考え方をたどることができない子どもには，その子の実態に応じた手だてが必要です。

具体的な声かけで多様な考えを引き出す

　自力解決の時間に，問題を解いた子どもが増えてくると，何となく「1つのやり方で解けたら，別のやり方で解いてごらん」と言ってはいないでしょうか。

　確かに，多様な方法で答えを求めることができるというのは理想的です。しかし，まったく違う方法をいくつも発想できるような子どもは稀にしかいません。

　一方で，子どもたちに，自分の考えをよりわかりやすいものや洗練されたものにしていこうという追究姿勢を身に付けさせることは非常に重要です。ですから，まったく違う方法を考えることを求めるのではなく，「式で求めたら，次は図や絵にかいて説明をわかりやすくしよう」とか，「テープ図や数直線を使ったらもっと視覚的にわかりやすくなるかもしれないよ」といった**具体的な声かけをしていく**ことが大切です。

第4章

学級全員でつくり上げる！
話し合いの導き方

1 質の高い話し合いを実現するための手だて

　現実問題として，1時間の授業の中で学級の子ども全員に活躍の場を保障するというのは大変難しいことです。しかし一方で，学び合いの授業を行っていくうえで常に教師が意識しておかなければならない課題の1つでもあります。

　導入では，子どもたちをうまく巻き込み，全員が一体感をもって進んでいた授業が，後半の話し合いに入ったとたんに一部の子どもの発言だけで進むようになり，あとの子どもたちは"お客さん"になってしまう，といった経験はないでしょうか。

　こういった事態に陥ることなく，質の高い話し合いによって授業を展開していくには，子ども全員を巻き込み，活躍の機会を保障するための具体的な方法を教師が身に付けておく必要があります。

1 子どもの考えの取り上げ方

　5年「わり算と分数」の導入の授業で，「$A \div B = \dfrac{A}{B}$」を指導する場面を例にとります。次のような問題を提示します。

> ジュース2Lを同じ量ずつ3つに分けると，1つ分は何Lになりますか。

式は「2÷3」となり，そのまま計算すると，答えは0.666…となってわりきれません。そこで，商を分数で表すように促します。
　子どもたちは各自ノートに解決します。この段階は自力で考えさせ，答えが見つからなくてもよしとします。
　すると，「わからない」も含め，次の3つの考えが予想されます。

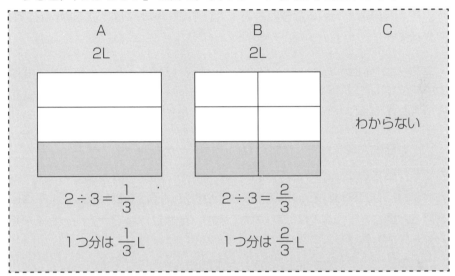

　子ども全員を巻き込み，活躍の機会を保障する質の高い話し合いを展開するために，まず教師が考えなければならないのが，この3つの考えのうちのどれを取り上げるかということです。
　Aの考え，すなわちつまずきから取り上げるのか。それとも，Bの考え，正解から取り上げるのか。または，Cの反応を示した子どもにわかっているところまで説明させるのか。この選択次第で，後の授業展開は当然変わります。Bの考えを取り上げるよりもAの考えを取り上げる方が，授業が拡散的に展開していく可能性は高くなります。
　どの考えから取り上げるにしても，子ども全員を巻き込みつつ，最終的に正解であるBの考えに到達できるようにするためには，**この後の授業展開を教師がしっかり描いておくことが必須**です。

第4章　話し合いの導き方　67

子どもの考えのかかわらせ方

　ここでは，Aの考え，つまりつまずきを取り上げることからスタートした展開を見ていきます。

　まず，Aの考えを示した子どもを1人指名し，黒板に図と式を書いて，発表させます。

　「図を見たらわかるように，3つに分けた1つ分は$\frac{1}{3}$Lになります。式は$2 \div 3 = \frac{1}{3}$です」

　ここで教師が考えなければならないのは，この発表に他の子どもたちをどうかかわらせるか，という点です。

　かかわらせ方にはいろいろな方法があります。子どもが発表してくれるのをじっと待つというのも1つの方法ですが，そればかりでは教師として未熟と言わざるを得ません。

　この場面では，具体的に以下のような方法が考えられます。

①「○○さんが図と式をこのように書いた気持ちがわかりますか？」と問い，正解であるBの反応を示している子どもを指名して発表させる。

②「○○さんが発表したことをお隣同士で確認してごらんなさい」とペア学習につなげる。

③教師が「△△さんも同じ考えなんだよね？」と言いながら，同じAのつまずきを示している子どもを指名し，発表者の考えをさらに補強させる。

①→③にしたがって，授業はより拡散的に展開していくことになるので，**授業の場面（残り時間）や子どもの実態に応じた判断が求められる**ことになります。実際の授業では，③の方法を選択しました。

では，この後教師がとるべき方法として，どのようなものが考えられるでしょうか。

①「○○さんと△△さんが発表したことを，お隣同士（グループ）で確認してごらんなさい」とペア学習やグループ学習につなげる。

②教師が「えっ，ちょっと待てよ。本当に$\frac{1}{3}$Lでいいのかな？」のように直接的に疑問を投げかける。

③教師が「そうだよね。この２人の図を見ると１つ分は明らかに$\frac{1}{3}$Lだよね」と発表者の考えを補強するような発言をあえて行い，子どもが疑問を投げかけてくるのを待つ。

実際の授業では，ここでも③を選択しました。

すると，ある子どもが「でもおかしいです」と言いながら，黒板の前に進み出て来ました。そして，Bの図をかきながら「１Lを３つに分けると，１つ分は$\frac{1}{3}$Lです。だから２Lを３つに分けたものが$\frac{1}{3}$Lになるのはおかしいと思います。２Lを３つに分けた１つ分は，$\frac{2}{3}$Lになるはずです」と説明をしました。

このような展開になってくると，授業は俄然熱を帯びてきます。Bの考えに同調する子どもと，Aの考えの正当性を主張する子どもの間で議論が起こ

第4章 話し合いの導き方 69

るわけです。

 ## 話し合いの収束，議論の整理の仕方

　ところが，ここで注意しなければならないことがあります。Aの考えの子どもとBの考えの子どもの間で意見が飛び交い，話し合いがどんどん拡散していくと，当初Cの「わからない」という反応を示していた子ども（特にまったくわからない子ども）が置き去りになってしまうのです。

　ですから，**教師はタイミングをはかって話し合いを収束させ，議論を整理する必要がある**のです。

　この場面では，「Aの考えとBの考えの違いを班で確認しましょう」と投げかけ，Aの考えとBの考えの図をかいたシートを班ごとに配りました。さらに，実際に2Lを3等分するという具体的操作ができるように，リットルますを準備しておく必要もあります。

　子どもたちはシートを基に意見を交換します。Aの考えとBの考えの違いを理解している子どもが図を用いながら説明している班から「なんだ，そういうことか」「やっぱり$\frac{2}{3}$Lだ」「やっとわかった」といった明るい声が響きます。またある班からは，「もう一度説明して」と何度も食い下がる子どもの声が聞こえてきます。

　教師は，班の活動の様子を見ながら，「では，みんなでAの考え$\left(\frac{1}{3}L\right)$とBの考え$\left(\frac{2}{3}L\right)$の違いを確認していこう」と投げかけ，班で話し合ったことを発表してもらいながら，2÷3の商を分数で表すとBの考え$\left(\frac{2}{3}L\right)$になることをしっかりと押さえます（この後は，本時のまとめや適用問題などへとつながっていきます）。

2 段階的な発問・指示で話し合いを組織する

教師の発問・指示は，授業の流れを決めます。特に，学び合いの授業においては，子どもたちに協働を促すような発問・指示が大切になってきます。

発問・指示を段階的に構成する

授業の冒頭では，いきなり難しい発問・指示をしても子どもたちは食いついてこないので，簡単な答えを問うようなシンプルな発問で，考えるきっかけをつくることが大切です。

授業が展開するにしたがって子どもの思考にも助走がついてくるので，それに応じて，**数理に迫るような発問・指示を段階的に構成していく必要が**あります。

発問・指示を段階的に構成した授業例

---
❶ 授業の概要

2つの正方形の面積の差を求める授業（6年）を例にとって説明します。本時のめあては「1辺の差が1cmの2つの正方形の面積の差を調べ，その

関係を一般化しようとする」ことです。

例えば，１辺が５cmと１辺が４cmの正方形の面積の差を調べてみると，

$5×5−4×4＝9$ （cm^2）

となり，１辺が７cmと１辺が６cmの正方形の面積の差を調べてみると，

$7×7−6×6＝13$ （cm^2）

となります。

他の場合も調べていくと，「大きい正方形の１辺の長さ＋小さい正方形の１辺の長さ＝面積の差」というきまりがみえてきます。中学３年では文字を用いて，

$(x＋1)＋x＝(x＋1)^2−x^2$

と一般的に表すこの関係を，まだ文字式を使えない小学生が，正方形の具体物を使って帰納的に考えていこうとする授業なのです。

❷ シンプルな発問で導入する

「今日は正方形を使って勉強をします」と子どもたちに告げ，『２つの正方形の面積の差はいくつ？』と板書します。また，２つの正方形の１辺は必ず１cm違いになることを付け加えます。

そしてまず，次のようなごくシンプルな発問をします。

これから２つの正方形を見せます。面積の差を求めましょう。

ノートに式と答えを書くように告げ，１辺が４cmと１辺が３cmの正方形を提示します。

ここは，

$4×4−3×3＝7$

という式で求めている子どもに板書させ，今日は１つの式で表し，面積の差を求めることを確認します。

第2問として，1辺が6cmと1辺が5cmの正方形を提示し，これも黒板上で式と答えを確認します。

❸ 数理への第一歩となる指示を出す

　ウォーミングアップが終わったところで，数理に至る第一歩となる指示を出します。

> 　先生は，面積の差を早く見つけることができます。そこで，ここからみんなは先生と対決してください。

　子どもを指名して，準備した短冊に2つの正方形の1辺の数をそれぞれ書き込むように告げます。他の子どもたちにはしっかりと1つの式に表現して計算するように告げ，わざと計算への意識を向けさせます。

　はじめのカードは，　7　6　です。出題者の子どもが素早く提示した瞬間に教師は「13！」と答え，子どもたちを驚かせます。

　ここでは，テンポよく次々に子どもを指名しながら出題を促します。2問，3問と進んでいくと，当然子どもたちはざわつき始めます。中には，教師が使っている面積の差を早く見つける技に気付き始める子どもも出てきます。しかしこの段階では，教師は「えっ，何かおかしいことがある？」ととぼけておきます。

❹ 数理に迫る発問を行う

　しばらく子どもたちに自由に考えさせた後,「先生,黒板のカードを整理したら見やすいです」といった声に促され,式のカードを右の写真のように子どもたちに黒板上で整理させました。

　すると,「かけ算で答えを出さなくても,たしたら答えが出ます」と言いながら前に出て説明しようとする子どもが出てきます。

　この説明をきっかけに,「そうか」「わかった」「なぁ～んだ」などの声があちこちから聞こえるようになります。クラス全体に,「大きい正方形の１辺の長さ＋小さい正方形の１辺の長さ＝面積の差」というきまりが見えてきた瞬間です。

　ここで,いよいよ数理に迫る発問を行います。

　どうして全部こういう関係（大きい正方形の１辺の長さ＋小さい正方形の１辺の長さ＝面積の差）になるのかな？

　その後,子どもに１辺が10cmと９cmの色違いの正方形を配付し,それを基にペアで考えるように促します。この色違いの正方形をうまく重ねると,面積の差の部分に大きい正方形の１辺の長さと小さい正方形の１辺の長さがみえてきます。

3 ペア学習・グループ学習を効果的に取り入れる

> 教師は，ペア学習やグループ学習をすれば，学び合いが成立していると思いがちですが，そうではありません。大事なのは，ペアやグループといった学習形態ではなく，そのような学習形態をとったことによって生まれる話し合いの中味です。

1 ペア学習・グループ学習で育つ力

　学び合いを志向した算数の授業では，ペア学習やグループ学習を行う場面が少なくありません。では，**ペア学習やグループ学習で育つ力**とはどのようなものでしょうか。

　まず，ペア学習やグループ学習をうまく取り入れると，子どもの表現力や思考力が確実に高まります。子ども同士の交流は，思いもよらないような能力の高まりに寄与することがあります。

　また，ペア学習やグループ学習は，能動的な学びの姿勢を培うことにも大きな役割を果たします。教師による教え込み的な授業では，教室に響くのは教師の声ばかりですが，ペア学習やグループ学習が機能した質の高い学び合いの授業では，教師の声とともに子どもたちの声も聞こ

第4章　話し合いの導き方　75

えてきます。
　そして，ペア学習やグループ学習は，子どもたちの聞く力を高める方途でもあります。もちろん，単なるおしゃべりではいけませんが，話し合いの視点が明確で，目的がはっきりしていれば，子ども一人ひとりの聞く力は確実に高まります。

ペア学習が生きる場面

　授業の最初に「昨日の授業で何をしたか覚えている人？」，またはもう少し具体的に「昨日学習した三角形の定義が言える人？」などと切り出し，挙手を促したり，子どもを指名したりすることは少なくないでしょう。
　一見ごく普通の授業の導入ですが，この場面にペア学習を取り入れることを考えてみましょう。
　まず，例えば「昨日学習した三角形の定義を隣同士で確認してみましょう」と指示します。そのうえで，**子どもたち全員を立たせ，2人組で交互に発表し，確認し合う活動を促す**のです。そして，2人とも発表し終わったら座るように指示します。
　冒頭のように，「昨日学習した三角形の定義が言える人？」という問いかけでは，発信者は手をあげたごく一部の子どものみです。また，その答えを聞く方の子どもたちも，能動的な受信者にはなかなかなり得ません。しかも，やりとりにやたらと時間がかかってしまうような場合もあります。
　一方で，ペア学習の形をとれば，子どもたち全員が発信者であり受信者でもあるので，一人ひとりの子どもにより確実に学習内容を振り返らせることができます。

グループ学習が生きる場面

　グループ学習は，時間や空間をうまく活用する手だてでもあります。

例えば，自力解決の時間を経て，黒板にA，B，Cの3人の解法が示されたとします。
　時間があれば，順番に説明させてもよいのですが，時間にそれほど余裕がないとき，**「自分が詳しく説明を聞いてみたい人のところに行って，説明を聞きなさい」**と指示します。
　Aさんは前の黒板を使い，Bさんは横のホワイトボードを使い，Cさんは後ろに用意したボードを使い，自分の考えを説明し始めました。まさにワークショップ形式です。
　時間的には4，5分程度で区切り，少し余裕があるときは，同じ説明を2セットやらせれば，子どもたちは2つの説明を聞くことができます。ある程度以上の学年になると，それなりの質疑応答も成立します。
　3つの解法すべてを順番に全員に向けて説明させても，自分と同じ解法についての説明を聞く時間は，それほど有意義なものとは言えません。一方，算数が苦手で，まったくわからない，または1つの解法で答えを導けるかどうかというような子どもたちは，一気に3つの解法を説明されると，集中力を持続しながらついていくのは難しいでしょう。このワークショップ形式のグループ学習は，そういったデメリットをクリアする有効な方法であると言えます。
　ちなみに，最近は教師の授業研究会についても，ワークショップ形式が取り入れられたものが多くなっています。例えば，参加者を5人〜10人程度のグループに分け，各グループごとに，自分の気付きや考えを書いた付箋紙を大きな模造紙に貼りながら意見を言っていきます。付箋紙の色も，授業者に賛成意見なら黄色，反対意見なら青色といった具合に工夫されています。

　参観者が挙手して発言する形式の授業研究会で質問したり意見を

第4章　話し合いの導き方　77

述べたりすることのハードルは，特に経験の浅い若手の先生にとっては非常に高いものですが，前述のようなワークショップ形式であれば，そのハードルはグンと下がります。

ペア学習・グループ学習で配慮すべきこと

　ペア学習やグループ学習では，構成メンバー間の関係が問題になる場合があります。特に，グループ学習の場合，日ごろから一緒に机を並べている子どもたちがグループをつくれば，自ずとグループ内での序列が決まり，子どもたちは**自分がグループ内でどういう位置にいるのかを無意識のうちに確認する**ものです。

　例えば，そのグループの中では遠慮してなかなか発言できないような子どもは，グループ学習を有意義な活動とは感じられないでしょう。遠慮する要因が学力の問題であるような場合は，グループの編成にも配慮する必要がありますし，もっと根本的な学びの姿勢として，グループの中のすべての友だちの考えや意見を尊重しなければならないという意識を常にもたせる必要があります。

④ 話し合いでは物がモノを言う

算数に限ったことではありませんが，話し合いにおけるコミュニケーションツールの中心は言葉です。しかし，算数の世界では，言葉のみでは伝わりにくいことが，絵や図，教具などの具体物を用いることによって俄然伝わりやすくなることがしばしばあります。

言葉の空中戦に陥らないために

　算数の授業において，当然言葉は大事です。言葉のやりとりによって学びは深まります。しかし，言葉だけのやりとりですべての子どもたちに理解をさせるのは難しい場合があります。特に，話し合いの場面で言葉の空中戦に陥ってしまうと，一部の子どもしか授業についていけなくなります。

　そもそも，同学年の子どもであっても，一人ひとり発達段階は違います。その発達段階に応じるのに有効なのが，**具体物を用いる**という方法です。言葉で説明する以前に，解決の見通しが立たないような子どもには，じっくりと具体物を操作する時間が必要な場合もあるでしょう。逆に，言葉だけで説明することができる子どもに絵や図を用いてもっとわかりやすく説明させることも有効です。

　特に操作できるような教具については，その単元でどのようなものが必要になるのかを事前に把握し，準備しておく必要があります。

第4章　話し合いの導き方　79

授業の準備をしっかり整えるために

　特に，図形の授業における具体物の役割は重要です。

　例えば，立体図形の授業であれば，子どもが操作できる立体模型は必需品です。

　また，平面図形の授業なら，コンパス，三角定規，分度器などはもちろん，正三角形や二等辺三角形などをつくることができる具体物も必要です。ストローや竹ひごを使ってつくった手づくりの教材にも味がありますが，現在は，使い勝手がよく，安価で良質な教材が市販されているのでうまく活用したいところです。

　勤務校の資料室（教材室）をのぞいてみると，使い勝手のよい教材や備品が意外にたくさん眠っているはずです。校長の許可が下りれば，他校から借りることも可能です。

　このように，**多忙な毎日の中で授業の準備をしっかり整えるには，既存の教材や備品の有効活用も大切**です。

5 話し合いの拡散を コントロールする

子どもたちの話し合いが活発に行われても，その結果をただ発表する
だけで終わってしまっては，子どもたちの思考は拡散したままで，質の
高い学び合いの授業とは言えません。教師は，話し合いの拡散をうまく
コントロールして，授業の最後を自然な形で収束できるようにする必要
があります。

1 子どもの思考，話し合いの拡散

話し合いが活発に行われ，授業は大変盛り上がったのに，テストをしてみ
たら思ったような結果が得られなかった。このような経験はだれでも一度は
あるはずです。

その理由の1つとして考えられるのが，教師が話し合いの拡散をうまくコ
ントロールできず，授業の最後を自然な形で収束できなかったため，子ども
たちの中で授業の内容がきちんと整理されていない，ということです。

問題提示から始まり，自力解決では各自いろいろな考え方をするので，学
級全体でみれば，子どもたちの思考はこの時点ですでにかなり拡散している
状態です。

この後さらに発表や議論を進めていくと，話し合いはどんどん拡散してい
くので，それらをうまくコントロールし，収束に向かわせることは大変重要
な教師の役割です。

第4章　話し合いの導き方　81

学級の子どもたち全員が主体的に話し合いに参加し，授業が展開していくというのは確かに理想的な形です。しかし，「子ども主体」と「子ども任せ」では大きく意味が異なります。**あたかも子どもだけの力で話し合いが進んでいるように教師がうまくコントロールして，はじめて子ども主体の学び合いの授業が実現するわけです。**

収束のシグナルとなる指示を出す

　授業がうまいベテランの先生は，子どもたちの考えをうまくつなぎ合わせながら，自然と話し合いを収束の方向へ導いていきます。委ねるだけ子どもたちに委ねておいて，ここぞというときに子どもたちとともにまとめるうまさには，思わず感心させられます。

　そんな授業を注意深く観察していると，**絶妙のタイミングで「ここで一度整理しよう」といった指示を出している**ことがよくあります。子どもたちの意見を踏まえながら教師がまとめていくという方法もありますが，それが強引では子どもの思考は整理されません。そう考えると，このような指示は，思考を収束させていくことに対する子どもたちの心構えをつくるきっかけになるという意味でも優れていると言えます。

❻ 教師が子どもに，子どもが子どもに寄り添う

> 授業研究会などでよく耳にする「子どもに寄り添う」という言葉。とても心地よい響きの言葉ですが，実際にどんな授業場面でのどんな行為なのかと問われれば，即答するのは難しいものです。

教師が子どもに寄り添う姿勢

「子どもに寄り添う」ことが簡単でないのは，授業をされる方ならだれでも身に沁みてわかるはずです。

しかし，簡単ではなくても，授業に対する基本的な姿勢として，子どもの思いに心を寄せることは当然のことながら大切です。例えば，指導案通り見事に授業が展開されたとしても，それが教師の思いや考えに主導されたもので，子どもの思いや考えが置き去りにされていたのであれば，子どもに寄り添った授業であるとは言えません。

友だちの考えに寄り添う意識の育て方

話し合いにおいて忘れてならないのは，教師が子どもに寄り添うべき場面だけでなく，子どもが子ども（友だち）に寄り添うべき場面が存在するということです。

子どもが友だちの思いや考えに寄り添うことができるようになるには，子

第4章 話し合いの導き方 83

どもたち自身にそれらをつなぐ力をつけてあげなければなりません。中でも，「友だちがどうしてそう考えたのか」を想像する力や，友だちの考えに含まれる「よさ」に気付く力を育てることは不可欠です。

「友だちがどうしてそう考えたのか」を想像する力が育っている学級の授業では，話し合いにおいて，子どもたちの中から「○○さんは，たぶんこんなふうに考えたんだと思います」といった発言が自然に聞こえてきます。

当然のことながら，こういった力が放っておいて育つわけではありません。教師が毎日の授業の中で「○○さんは，どうしてそのように考えたのかな？」「○○さんの考えの続きを言えるかな？」といった問いかけを繰り返し行い，友だちの考えに対する意識を少しずつ高めていく必要があります。

また，「○○さんの考えを見て，何か気付くことはありませんか？」という問いかけを常日ごろから教師が心がけていれば，話し合いの中で「○○さんの考えでおもしろいことに気付きました」といった，友だちの考えに含まれる「よさ」を認める発言が活発に行われるようになります。

第5章

取り上げ・つなぎ・問い返す

授業を動かす教師のしかけ

① 取り上げ・つなぎ・問い返す

　問いを子どもたち全員に共有させたいけれどどうすればよいかわからない。ペア学習やグループ学習でうまく話し合ってくれない。全体での話し合いになるとうまく授業が展開しない。このような，学び合いの授業の行き詰まりを打開するためのキーワードが，「取り上げ・つなぎ・問い返す」です。

学び合いの授業の課題

　表現力の育成や言語活動の充実が求められる流れの中で，子ども同士の学び合いによる算数の授業が注目を集めています。しかし，**学び合いの授業には未だ課題が多い**のが現状です。

　例えば，ペア学習・グループ学習の形骸化，話し合いの目的が明確でないといったことから，そもそも学び合いが子ども一人ひとりの学力向上につながっていないことなど，課題は多岐に渡っています。

　熊本市の算数研究会のメンバーに，授業者の視点から学び合いの授業の課題を尋ねると，以下のようなものがあげられました。

●学び合いがただの発表の場になってしまっている
●子どもと子どもの考えをうまくつなぐことができない
●子どものつぶやきや意見を上手に共有できない

┌───┐
● 取り上げた子どもの考えや意見をうまく返せない
● 学び合いの中で「だって」「なるほど」のような自然な言葉が出てくるように指導できていない
└───┘

「取り上げ・つなぎ・問い返す」教師の一連の活動

　それでは，授業をどのように変えたらよいのでしょうか。

　まず，学び合いの主体は当然子どもですから，子ども自身の学び合う技術や態度を育てる必要があります。一方で，子どもに任せっきりでは学び合いの質は高まりません。やはり，教師がいろいろな工夫やしかけを生み出し，試みるといった黒子的な役割を積極的に担う必要があります。

　この工夫やしかけの中で特に重要なのが，**「取り上げ・つなぎ・問い返す」という教師の一連の活動**です。つまり，子どもの反応の中から何を（どの反応を）取り上げ，それをどのようにつなぎ（かかわらせ），何を（子どもの反応のどの部分を）子どもたちに問い返すかを考えながら学び合いをリードしていくことが重要であるというわけです。

「取り上げ・つなぎ・問い返す」一連の活動の実際

　ここでは，1年「20までの数」の授業を例にとって，「取り上げ・つなぎ・問い返す」一連の活動の実際を見ていきます。

　「20までの数」の授業で獲得させたいのが，10を1つのまとまりとみる見方です。そのためには，「数えやすくする（見やすくする）」という視点が必要になってきます。この**本質を見失わないように「取り上げ・つなぎ・問い返す」**ことが重要です。

　紙袋の中にあめを入れ，その個数を予想させながら，厚紙でつくったあめの掲示物を，袋の中のあめと同じ個数（13個）だけ黒板に貼ります。子ども

第5章　授業を動かす教師のしかけ　87

たちには黒板と同じあめの絵をかいたプリントを配ります。

「あめは何個あるでしょう」。すぐさま教師が問います。

プリントに向かう子どもの様子を観察すると，次のような7通りの数え方が見られます。

ア　1個1個指で数える

イ　2個ずつ指で数える

ウ　鉛筆で印をつけながら1個1個数える

エ　あめの上に数字を書いていく

オ　鉛筆で5のまとまりをかき，数える

カ　鉛筆で10のまとまりをかき，数える

キ　おはじきをあめの上に置き，置いたおはじきを数える

---

❶ 取り上げる

まず，この7つの数え方の中からどれを取り上げるか。ここでは，「数えやすくする（見やすくする）」という視点が必要であることを踏まえ，おはじきを使った「キ」の数え方を取り上げます。

そして，教師は次のように問います。

「パッと見て『あっ，13個あるな』とわかるようにおはじきを置きかえましょう」

自力解決の後，まず次のような2つの置き方を黒板に示します。

あ　○○○○○○○○○○○○○　　　い　○○○○○○○○○○
　　　　　　　　　　　　　　　　　　　　○○○

10を1つのまとまりとみる見方を獲得させるというねらいを踏まえ，ここ

では，おはじきを全部1列に並べた「あ」のような置き方と，おはじきを10個と3個に分けて並べた「い」のような置き方の2つを取り上げ，比較提示したわけです。

❷つなぐ

「『あ』と『い』のどっちの置き方が数えやすいかな？」と問うと，子どもたちは口々に「『い』の方が10と3に分けてあるから数えやすい」と発表します。

「じゃあ，『あ』はダメなの？」と問うと，「『あ』はパッと見て13だとはわからない」と子どもたちが答えてくれます。

そのときAさんが「でも，ちょっとだけ離したら13だとわかりやすくなります」と言いながら，黒板に近づき，「あ」の置き方を次のように変えてくれました。

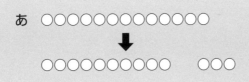

このAさんのサポートに「あっ，『い』になった」のような反応が子どもたちから相次いで上がります。

このようにして，10を1つのまとまりとみる見方を獲得させるというねらいに沿って，子どもたちに問いかけながら考えをつないでいきます。

❸問い返す

ここで教師は，「Bさんはこんな置き方をしてたんだけど…」と言いながら，次のような数え方を提示します。

う 〇〇〇〇〇　　〇〇〇
〇〇〇〇〇

　「『い』もいいけど『う』の方が見やすいかな…」といった声を聞きながら，ここで，「『い』と『う』のどちらの置き方がパッと見ただけで13個だとわかるかな？」と問い返し，グループになって話し合うように促します。
　「い」と「う」はどちらも10のかたまりに見えるので，どちらを選んでもよいのですが，この問い返しで始まるグループの話し合いを通して，10を1つのまとまりとみる見方を強化したかったわけです。

② 子どもの考えの取り上げ方

子どものどの考えを全体で取り上げるか。これから先の授業展開を左右する極めて大事なポイントです。素朴な考えからスタートするのか？ それとも数理に直結する考えからスタートするのか？　ここでの判断は教師の腕の見せどころです。

① 子どもの反応のとらえ方

ここからは，「取り上げ・つなぎ・問い返す」一連の活動を，1つずつ詳しくみていきたいと思います。

まずは，子どもの考えの取り上げ方についてですが，子どもの反応のとらえ方について改めて整理しておきます。

①つまずき，未完成のもの
②素朴な考えのもの（解決できているが数理にまでは至っていないもの）
③数理に直結しているもの（数理をとらえているより高い水準の考え）

このとらえ方に基づいて，子どもたち全員が参加できるような学び合いの授業を仕組むには，どの考えを取り上げて学び合いをスタートするのがよいのかを考えます。

ここで注意したいのが，算数が得意な子どもが数理に直結した考え方ばか

第5章　授業を動かす教師のしかけ　91

りしているかというと，必ずしもそうではないということです。算数に自信があればこそのつまずきもあるし，既習内容を生かした素朴な考えで解決しているときもあります。逆に，算数に対して苦手意識の強い子どもが数理に直結した考えで問題を解決していることもしばしばみられます。

だからこそ，どんな考えから取り上げるのかは，そのときどきの子どもの反応の実態に照らし合わせながら決定する必要があるわけです。

「素朴な考え」からのスタート

話し合いは，この「素朴な考え」を取り上げてスタートすることが一番多いでしょう。素朴な考えを追究する中で，他の考えやより高い水準の考えを発表させ，それらの比較を通しながら，「数理に直結した考え」へと練り上げていくわけです。

5年「面積」の授業を例にとって考えてみます。

導入の平行四辺形の面積を求める授業では，長方形と正方形の求積方法（たて×横）が既習です。図に底辺と高さを示した状態でとりあえず面積を求めさせてみると，既習の方法に基づいて，わかっている2つの長さをかけるという素朴な考えで正解を導くことができる子どもも多いでしょう。

しかし，なぜその方法で面積を求められるのかを問うてみると，答えられる子どもは少なく，解決できているものの数理にまでは至っていないことがわかります。

そこで，この考えをスタート地点として，長方形に等積変形するという数理に直結した考えに練り上げていき，面積を求める公式を導きます。

また練り上げの過程で子どもの「つまずき」を生かすことを考えると，底辺と高さのほかに，斜辺の長さを示しておくのも1つの手です。底辺×斜辺というつまずきも取り上げることで，2つの長さをかけるという計算が意味することの理解をより深めることができます。

❸ 「つまずき」からのスタート

　「つまずき」からスタートする展開は，**自力解決における子どもの反応に**
つまずきが予想以上に多かったような場合や，練り上げの段階で数理に迫る
うえでつまずきが大きな意味を果たすような場合に有効です。

　ここでは，数と計算にかかわるつまずきを例にとります。

　4年「計算のきまり」の授業では，$90-(50-5\times3)$ という問題で，か
っこの中から先に計算することはわかっているものの，かっこの中を前から
順に計算してしまう下記のようなつまずきがよくみられます。このような反
応をあえて取り上げるわけです。

$$90-(50-5\times3)=90-45\times3$$
$$=90-135？$$

　また，2年「ひき算」の「304-8」のような繰り下がりのある計算で
は，次のようなつまずきがみられます。

$$
\begin{array}{r}
304 \\
-8 \\
\hline
396
\end{array}
\qquad
\begin{array}{r}
304 \\
-8 \\
\hline
306
\end{array}
$$

　十の位から繰り下げることができないとき，百の位から繰り下げることを
理解させるためには重要なつまずきなので，ぜひこれらのつまずきを取り上
げて授業を展開したいものです。

　ところで，算数が得意な子どものつまずきには，数理に迫るうえで重要な
ことが含まれている場合が多いのですが，そういった子どもほどつまずいた
ことにショックを受けがちです。当然のことながら，そういった面からも取
り上げ方やだれの考えを取り上げるといったことに配慮する必要があります。

第5章　授業を動かす教師のしかけ　93

間違った答えや考えを発表したとき，すぐさま他の子どもたちから「違います」「間違っています」といった声が上がるような雰囲気では，そのつまずきは生きてきませんし，それ以前に，発表すること自体に尻込みする子どもが多くなってしまうでしょう。ですから，どんな考えであってもいったん受け止め，間違っていれば，「ここがちょっとおかしいよ」「どうして間違ったのかわかったよ」といった言葉で発表者の子どもをフォローするような形で話し合いを進める雰囲気をつくっていきたいものです。

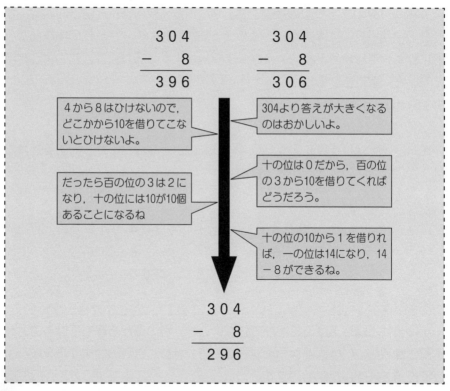

「数理に直結した考え」からのスタート

　稀なケースかもしれませんが，子どもたちの反応次第では，いきなり「数

理に直結した考え」を取り上げてスタートする場合もあります。これは，ほとんどの子どもが数理に直結した考えをしている，または，数理に直結した考えからスタートした方が子どもたち全員の理解を助けることになると教師が判断したときです。

　数理に直結した考えを学び合うための学習素材として，解決の一つひとつの過程を筋道立ててみんなで追究していくのです。「どうしてこうなるのかな？」「ここのところがわからないんだけど…」「だれかもっとわかりやすい説明をお願いします」など，子どもたちが数理に立ち向かう姿勢が大事になってきます。

　ところで，こういった授業の中で，**子どもたちみんなが納得していることにあえて疑問を呈するような投げかけ**をしてみるとおもしろい展開が期待できます。

　「みんなはこれでいいって言うけど，先生には納得できないな」

　「ここはどうなの？　だれかもう一度説明してください」など，子ども vs 教師の形をつくるのです。整然と進もうとしていた授業が，教師に納得してもらおうとする子どもたちの意欲で俄然盛り上がります。

　1年「いくつといくつ」の授業を例にとります。5を構成する場面です。

　「今日は，玉落としゲームでみんなと遊ぼうと思います」と言いながら，黒板には『たまおとしげえむ』と書きます。

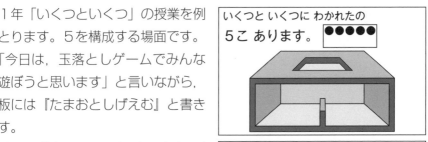

　続いて「赤い玉はいくつあるかな？」と問いかけ，5個の赤い玉を箱の中に落とし，右と左でいくつといくつに分かれたかを当てるゲームであることを，子どもたちとのやりとりを通し，知らせるのです。

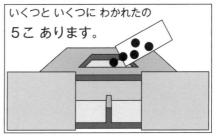

第5章　授業を動かす教師のしかけ　95

子どもたちには，机の上にブロックを5個準備させます。加えて箱の絵をかいたワークシートを配付しておきます。
　いよいよゲーム開始です。
　まず，5この赤い玉が箱の中に落ちていく様子を再現します。
　「さあ，赤い玉はいくつといくつに分かれたのかな？　みんなは机の上のブロックを使って予想してごらん」と操作を促します。
　みんな操作し終わったのを確認し，一気に箱の中身を開けないで，左から開けて見ることにします。

　「あっ，3個だ。だったら，右は2個だよ」
　「3と2だ」
　左が3個とわかった時点で，子どもたちの多くはもうすでに右の個数も言い始めています。
　そこで教師は，「えっ，右の方もわかるの？　『2』って声が聞こえたけど本当なの？」と子どもの反応を取り上げ，疑問を呈します。この教師の挑発に多くの子どもが果敢に挑んでくるわけです。
　「だって先生，左が3個で，全部で5個だから，右は2個です」「5ひく3は2だよ」などと，まだ学習していないひき算の式まで説明に使いだします。
　しかし，教師もここで引き下がらず，「えっ？　もっとわかりやすく黒板を使ってお話ししてください」などと言いながら，黒板上でブロックを使った具体的操作を伴った説明を促します。
　特に低学年の授業では，このような，子ども vs 教師の構図を演出することで授業は盛り上がり，深まります。

⑤ 考えを取り上げる場面での教師の反応

　教師が最初に子どもの考えを取り上げる場面は，学び合いのスタート地点となる重要な局面です。ですから，**どういう形で子どもの考えを取り上げるかとともに，それに対して教師がどのように反応するのかもしっかりと考える必要があります。**

　「素朴な考え」でスタートを切る場合，例えば，一応は１人の子どもに発表させ，その後「○○さんがこんなふうに考えた気持ち，わかりますか？」と全体に投げかけるという方法があります。そして聞き手に，「○○さんはこう考えたと思います。…」というように発表者の考えをしっかりと受け止め，それを補うような形で説明させていくわけです。

　「数理に直結する考え」を取り上げ，発表させる場面などでは，あえて途中で発表をストップして，続きを他の子どもに発表させる方法も有効です。すんなりと流れて行ってしまう場面でこのような形をとることで，他の子どもも思考が活発になり，自然に考えを共有できるようになっていきます。

　ただ，途中で止められた子どもは不完全燃焼になってしまうので，フォローが必要です。「○○さんがせっかく説明してくれたのに，途中で止めてごめんね。でもこの場面はすごく大事なところだから，みんなで考えたいんだ。いいかな？」と伝え，気持ちを満足させてあげます。大人の会議でも，第一発表者は勇気がいります。せっかく勇気を出して発表したのに，司会者が見殺しにしてしまうケースがあります。これが授業だったら絶対子どもは傷つきます。今後決して手などあげて発表するものかと思うかもしれません。ですから，第一発表者は大事にすべきです。特に，いつもは少し発表に自信がない子どもががんばって発表したときには，上手なフォローが必要になってきます。

第５章　授業を動かす教師のしかけ　97

子どもの言葉を聞き間違えたふりをする

　先にも述べたとおり，特に低学年の授業では，子ども vs 教師の構図を演出することで授業は盛り上がり，深まります。その方法として，**子どもの考えを取り上げたとき，わざと子どもの言葉を聞き間違えたふりをする**というのも有効な方法です。

　「先生，そうじゃありません！」「それは違います！」など，教師が間違うと子どもはすかさず反応します。まさに漫才でいう「ボケとツッコミ」の関係です。教師１人による漫談でもよいのですが，やはりおもしろいのは教師と子どもによる漫才のパターンです。この関係ができたら，授業は俄然おもしろくなります。

　ツッコミの早い子どもたちは，第一発信者をはじめいろいろな発言に，いろんな形で絡んでくれる頼れる存在です。

他人事にしてしゃべらせる

　発表するとき，正解を求められるとなかなか発言しにくいものがあります。大人でもそうですから，子どもならなおさらでしょう。正解ではなくて，「どう思いますか？」と思いを尋ねられたら，余計困難になります。自分の思いを人前でわかりやすく表現するのは大変難しいことです。ところが，これを**他人事としてしゃべらせてみると，意外にすんなり話すことができる**場合があります。

　例えば，３年生に「２年生だったら，このときどう答えると思う？」とか，「下級生がこう尋ねられたら，どう答えるだろうね？」といったように問いかけてみるのです。すると，子どもたちの表情は急に和らぎ，「多分，２年生だったらね…」とか「下級生なら…」などと言いながら，落ち着いて発言し始めます。

3 子どもの考えのつなぎ方

取り上げた子どもの考えに対して，受信者であるそのほかの子どもたちをどのようにかかわらせるのか。学び合いの授業において，この「つなぎ」は大変重要です。「いいですか？」「いいです」といった教師と子どものやりとりだけで終わることの繰り返しでは，当然のことながら学び合いは深まっていきません。

聞く力を育てる

取り上げた考えをうまくつないでいくための第一歩は，その考えを正確に受信する，つまり聞き取ることです。そのためには，まず，1学期の早い段階で，話し方だけでなく，聞き方についても基本的なことを指導する必要があります。

聞くことは，一見受け身の行為のように思われますが，実は能動的な行為であり，例えば，目だけは発信者の方を向いていても，肝心の意識がそこになければ，話の内容は頭に入って来ません。そこで，子どもに，聞くときの意識付けをどのように行い，聞く力を育てていくかが大切になってきます。

また，聞く力は，一度指導したからすぐに身に付く，というものではないので，授業の中で段階的に指導していく必要があります。ここでは，小学校において，具体的にどのような指導をしていけばよいのかを，次ページのように3段階に分けてまとめてみました。

段階	指導すべきこと
1	●発表者に体を向け，発表者の顔や目を意識し，うなずくなど反応しながら聞くこと ●友だちや先生の話を最後までしっかり聞くこと
2	●発表者に対し「そうか」「わかった」「なるほど」など温かい反応を返すこと ●友だちの言いたいことがわかり，自分の言葉でも話すことができるように聞くこと
3	●発表者の考えのよさや妥当性，自分の考えとの違いを考えながら聞くこと ●友だちの考えと自分の考えの共通点・相違点を考えたり，複数の考えが整理できないかを考えたりしながら聞くこと

　また，学級には必ずお手本となるような聞き方の子どもがいるので，折に触れて「聞く姿勢がすばらしい」「しっかり話す人の方向を向いているね」「うなずきながら聞くのは話す人も話しやすいね」など，よい点をあげながらほめると，他の子どもたちも真似するようになります。

考えをつなぐための8つの力

　ここからは，取り上げた考えをつなぐ力そのものを育てることについて考えてみます。

　ひと口に，「つなぐ力」といっても，それは多岐にわたるものです。ここでは以下の通り，さらに細かく8つの力に分類・整理してみました。それぞれについて，その力を育てるために行いたい教師の言葉かけと，その力の育ちを見とることができる子どもの発言を示しています。

❶ 復唱する力

　特に，子どもが簡潔によい考えを発表したとき，その考えのよさを全体で共有させるのに有効なのが，全員，またはだれかを指名して復唱させるという方法です。教師は，以下のように問いかけるとよいでしょう。

> ・○○さんは何と言ったのでしょうか？　もう一度みんなで言ってみましょう。
> ・○○さんの考えをもう一度言える人はいますか？

　このような言葉で問いかけながら，復唱する力を育てるのです。子どもたちに次第にこの力がついてきたら，授業者からの言葉かけがなくても，自ずと次のような発言が聞かれるようになります。

> ・○○さんの言ったのは，…ということです。
> ・○○さん，もう一度説明をお願いします。

❷ 言い換える力

　言い換える力は，①の復唱する力の延長線上にあるものと言えます。教師が「発表してくれた○○さんの考えを，もっとわかりやすく説明してほしいな」という思いに駆られたとき，子どもたちに次のような言葉かけをしてみます。

> ・○○さんの考えがわかる人，自分の言葉でもう一度発表してくれませんか？

第5章　授業を動かす教師のしかけ　101

・○○さんが言ったことを，他の言葉で説明できる人はいませんか？

　このように問いかけながら，子どもたちに言い換える力を育てるのです。子どもたちにこの力がついてきたら，次のような発言が聞かれるようになります。

・○○さんの言いたいことをちょっと言い換えます。
・○○さんの考えを他の言い方で説明すると，…です。

❸ 質問する力

　発表された考えに対して異論や別の方法がいくつか出そうな場合です。次のように投げかけてみます。

・○○さんの考えに，質問はありませんか？
・○○さんに聞きたいことがある人はいませんか？

　このような言葉かけを続けていくと，子どもから自然に次のような発言が生まれてくるはずです。

・○○さんに質問があります。それは，…です。
・○○さんに…について聞きたいので，教えてください。

❹ 付け加える力

　発表された内容が不十分だと感じられたとき，それを補うことも考えをつ

ないでいくうえで重要なことです。教師は以下のように問いかけるとよいでしょう。

> ・○○さんの発表に，何か付け加えることがありますか？

　子どもたちに，友だちの考えをよく聞いて，必要なことは付け加えようという意識が育ってくると，授業中に次のような言葉がよく出るようになるはずです。

> ・○○さんの考えに付け加えです。それは…です。

❺ 意見する力

　①〜④までの力は，どちらかと言えば取り上げた考えに対する肯定的な反応ですが，場合によっては，反論したり，意見を述べたりすることも必要になってきます。そのような場面で，例えば教師は以下のように子どもたちに投げかけます。

> ・○○さんの考えに，賛成や反対の意見はありませんか？
> ・隣の人と相談して，意見を出してください。

　子どもに反論や意見を述べさせるのは，発表者の考えを復唱したり，言い換えたり，付け加えをしたりして，しっかり理解した後でも遅くはありません。

> ・私は○○さんの考えとはちょっと違います。それは…です。

第5章　授業を動かす教師のしかけ　103

❻ 気付く力

　算数の授業をしていると，「〇〇さんの考えや解法から，何か気付いてほしいな」「考えや解法のよさが見えてくるとうれしいな」と思うときがあります。この「気付く力」はある意味「評価する力」とも言えるもので，次のような言葉かけをしてみてはどうでしょうか。

> ・〇〇さんの考えを聞いて，何か気付いたことはありませんか？
> ・〇〇さんの説明で，一番大切なことは何だと思いますか？

　学級の中には，何事にもよく気が付く子どもが数人はいます。普段から物事をよく観察し，よく耳を澄まし，よく思考している子どもです。何かをキャッチする力，とらえる力が優れているのです。そのような子どもたちからは，授業中自然と次のような言葉が飛び出します。

> ・〇〇さんの考えで，おもしろいことに気が付きました。
> ・〇〇さんの考えのいいところがわかりました。

❼ 想像する力

　ある考えを取り上げたとき，確信までには至っていないものの，「〇〇さんが何を言いたいのか何となくは想像できるな…」という雰囲気が漂っているとき，次のように投げかけてみます。

> ・〇〇さんが…と答えた気持ちがわかる人はいますか？

こういった問いかけを繰り返していると，子どもたちの中から想像を巡らす発言が生まれるようになってきます。

・たぶん，○○さんは…と考えたんだと思います。

❽応援する力

よい考えだったので取り上げてみたものの，説明している途中で行き詰まってしまうようなことは多々あります。そういったときには，周囲の子どもたちの応援が必要です。発表者にしてみれば，特に優しさのある応援がほしいはずです。

・○○さんが困っているみたいなので，だれか応援してくれませんか？

学級の中に支持的風土ができ上がっていれば，このような状況でも自然と応援の手が差し伸べられます。

・○○さんにヒントを出してもいいですか？

教師が，子どもの反応や発表内容に応じて，これらの力を意識しながら言葉かけできるようになれば，子どもの考えが次々とつながり，学び合いの質は高まっていくはずです。

話す力を育てる

ここまでは，取り上げた考えを受信する側のことについて述べてきましたが，考えをつなぎ，学び合いの質を高めていくためには，**はじめに考えを述**

べる際に発揮される話す力を育てることも重要です。

　聞く力と同様に，話す力にも発達段階の違いに伴う個人差はかなりのものがあります。それでもその個人差に応じて一歩一歩話す力を高めていく必要があります。

　話し方そのものも基本的なことは当然指導しなければなりませんが，単なるおしゃべりではなく，きちんとした形で話す場をできる限りたくさん設定することも重要です。ペア学習，グループ学習，全体での話し合いなど，話す目的に応じて指導の工夫をしたいものです。

　ここでも，小学校において，具体的にどのような指導をしていけばよいのかを3段階に分けてまとめてみました。

段階	指導すべきこと
1	●友だちの方に体を向け，「それでは発表します」などと前置きをして話すこと ●教室の後ろまで聞こえる声で，語尾までしっかり話すこと
2	●「ここまではわかりますか？」など，聞いている友だちの反応を確かめながら話すこと ●言葉による説明だけでなく，場合によっては絵や図，操作用具を用いながら話すこと
3	●友だちの考えのよさを取り入れたり，友だちの考えとの違いを明確にしたりして話すこと ●複数の考えをまとめたり，分類整理したりして，わかりやすく話すこと

④ 子どものつなぐ意識を育てるために

　子どもの考えがつながり，話し合いが白熱してくると，教師が「どうして？」と尋ねる前に，子どもたちの方から「だって先生…」と理由を発言し

ようとすることがあります。

　この「だって」と同じように，「例えば」のように例をあげて説明しようとする言葉や，「もしも〜なら」というように，仮に考えようとする言葉などは，授業の中での重要な役割を果たします。

　こういった言葉を子どもが思わず発したときには，教師は，思いきってその子に説明をすべて任せてみてはどうでしょうか。そうすることによって，その説明を受けて，「だったら…」と新たな言葉でつないでくれる友だちが登場することも期待できます。

④ 子どもへの問い返し方

　ここまでは、子どもの考えを取り上げ、その考えをどのようにつないでいくかについて考えてきました。話し合いに深まりが見られれば、そのまま授業のまとめに入ってもよさそうですが、ここであえて教師が重要なことを子どもたちに問い返すことによって、さらに学び合いの質が高まります。

問い返しの有効性

　先にあげた1年「20までの数」の授業を改めて振り返ると、子どもたちの考えをつないでいくことで、10を1つのまとまりとみる見方を一応は獲得させることができています。ただ、さらに「『い』と『う』のどちらの置き方がパッと見ただけで13個だとわかるかな？」と問い返し、グループで考えさせることによって、この見方を強化しようとしています。

　また、この問い返しの場面では、ペアやグループの活動を仕組むことが有効です。考えをつなぐ活動において子どもたち同士や先生とのやりとりにだんだんついて行けなくなってきていた子どもたちも、ここでリセットすることができ、もう一度すべての子どもたちを巻き込んだ学び合いにすることができるからです。

❷ 問い返しで学び合いの質を高める

　ここでは，3年「表とグラフ」の授業を例にとって，改めて問い返しの有効性について考えてみます。この授業では，「乗り物調べ」のデジタル教材（熊本市教育センター作成）を使用することにしました。

　この授業のめあては「どんな車が何台通るか，まちがいなく調べよう」で，まずは，シミュレーション画面上を通過する乗り物の種類と台数を数え，記号など自分たちなりの方法で整理していきます。そしてさらに，教師の問い返しによって，改めて正しく早く整理する方法を検証し，「正」の字を使って整理することのよさがわかることを目指します。

---

❶「めあて」をつかむ

　まず，学校の前の交通の様子を撮ったビデオ（約2分間）をプロジェクタを使ってスクリーンに映し出します。

　ビデオが終わり，「どんな車が通っていたかな？」と尋ねてみると，子どもたちは「トラック」「バス」「バイク」「自転車」…などと口々に答えます。

　続いて，「どんな車が多かったかな？」と尋ねると，「バイクが5台で，自転車4台かな？」「トラックもかなり通っていた」といった発言が聞こえてきます。「トラックの数をもう一度調べてみたい」といった声も聞こえてきました。

　ここで，「先生は実際に学校前で調べてみようと思いますが…」と言いながら，『どんな車が何台通るか』と板書します。

「でも，実際に調べるといっても車は速いし，両方の道から一度に来たときは大変です。そこで調べ方が上手になる練習用のソフトを持ってきました」と言い，準備したシミュレーションソフトの映像を見せます。

乗用車，バス，トラック，バイク，自転車の5種類が通ることを確認し，子どもたちが車の通る速さを体感できる30秒程度のシミュレーションを見せます。「意外と速いね」という子どもの感想を受け，教師は「だから間違いなく調べてほしいのです」と言いながら，『まちがいなく調べよう』と板書します。

ここで，めあての『どんな車が何台通るか，まちがいなく調べよう』が設定されたわけです。

❷ 調べ方をペアで話し合う

ここからはペアで活動させることにしました。調べた結果を書き込めるように表とマジックを配ります。

「さて，どんな調べ方をしたらいいかな？」と言い，考える時間を与えます。しばらく経ったら，机間を回り，どんな作戦を立てたか小声で教師に耳打ちさせてみます。教師は「なるほど，どんな印かな？」「それはおもしろい！」などとヒントらしき言葉をつぶやきます。

この後，シミュレーションソフトの映像でどの車が何台通るかを実際に調べます。子どもたちは，作戦に基づいてペアで協力して調べ始めます。多くのペアは，1人がどんな車が通ったかを確認し，もう1人が表に書き込んでいます。

❸ 全員で正しく早く整理する方法について話し合う

映像が終わったところで，「どうですか，作戦はうまくいきましたか？」と尋ねます。作戦通りうまくいったペアと途中で挫折してしまったペアが

半々のようです。

　うまくいかなかったペアに，「どんなところがうまくいかなかったのかな？」と尋ねると，一番多かったのは，調べたことをうまく整理できなかった，というケースでした。

　そこでまず，〇をかいて整理した考えを取り上げました。あるペアは「〇をかいていったら作戦通りにうまく調べられた」と言い，「通った車の台数は33台！」と自信ありげに発表しました。「僕も〇はかきやすいと思います」「〇は簡単です」「速くかけます」など，この方法を支持する声は多く上がりました。

　一方「〇もいいけど｜（棒）がもっと速いです。しかも〇よりいっぱいかけます」という発言も出てきました。しかし，この方法にも，賛成意見とともに「｜（棒）はいっぱいかけるけど数えにくいです」との反対意見が出されました。

　確かに，子どもたちが調べた合計台数を確かめてみると，34台が一番多いものの，31から37までかなりばらつきがみられます。

　ここであるペアが，「正」の字で整理する方法を発表しました。「正」の字は5画だから数えやすいというわけです。しかし，ここでも，「『正』の字は棒をかくより時間がかかるんじゃない？」という意見が出ます。

　ここで教師が，授業のめあてとこれまでの話し合いの流れを踏まえて問い返しを行います。

第5章　授業を動かす教師のしかけ　111

「正しく，早く調べられる方法はどれだろうか？」

この問いについて，班（グループ）で考えさせます。「〇や｜（棒）がやっぱり速いよ」「でも正確さなら『正』の字じゃない？」…など，各班の話し合いはまとまらないようです。

❹ もう一度調べ直す

ある程度話し合わせたところで，「じゃあ，もう一度調べ直してみようか？」と子どもたちに投げかけると。再びやる気をみなぎらせます。

今度は，整理するのにスピードが求められる１人調べです。もちろん，「正」の字だけでなく，〇や｜（棒）などの方法も認めます。

調べ直した結果，〇や｜（棒）などの方法では数え間違いが少なからずみられた一方，「正」の字を使った子どもは，そのほとんどが正しい合計台数34台を数えることができていました。

この事実を通して，子どもたちの間から，「正」の字を使うことのよさを実感する声が自然と聞こえてきました。

第6章

学力向上に直結！

授業のまとめ・評価の工夫

① 子どもの考えや言葉を大事にした授業のまとめ

> せっかく子どもの考えや言葉を大事にして授業を進めてきたのに，まとめに入った途端，一方的に教師の言葉でまとめてしまおうとすると，それまでの学び合いは台無しになります。授業の最後の最後まで子どもの考えや言葉を大事にしたいものです。

「めあて」に対応したまとめ

　当然のことながら，授業のまとめは，その時間のめあてに対応している必要があります。めあてに対応したまとめであるからこそ，板書する価値もあるわけです。

　これまでにも述べたとおり，授業によっては，１時間の中でめあてが変化していくようなこともあるので，そういった場合は，それらとどのように対応させるかを考える必要もあります。

　第２章で紹介した３年「ひき算」のトマト数の授業を再び例にとりたいと思います。

　この授業では，めあてがどんどん変化していきますが，トマト数の２つの数の差と答えの関係を，最終的に次ページのように表し，授業のまとめとしました。

	2つの数の差		答え		各位の数の和
91×	1	→	91	…	10
	2	→	182	…	11
	3	→	273	…	12
	4	→	364	…	13
	5	→	455	…	14
	6	→	546	…	15
	7	→	637	…	16
	8	→	728	…	17

　2つの数の差と答えの関係は，この1時間の中で子どもたちが見つけたものであり，ここまでの話し合いを振り返らせながら整理します。

　子どもたちは，まとめをノートに整理する中で，さらに次のような数の並びのおもしろさも発見していました。

・答えが91の倍数になっている。
・答えの一の位が1，2，3…7，8と並んでいる。十の位は9，8，7…3，2と並んでいる。百の位は1，2，3…と並んでいる。
・位の数の和が10，11，12…と並んでいる。

　子どもたちが発見したこのような数の並びのおもしろさも，立派な授業のまとめの一部になります。

　このように，まとめは，**子どもたち自身がめあてを中心として授業展開を振り返り，本時の学習内容を自分の発見を付け加えたりしながら試みること**に価値があるのです。

第6章　授業のまとめ・評価の工夫　115

❷ 板書を生かしたまとめ

　授業のまとめを行う際，板書を振り返ることは欠かせません。
　下の板書は，4年「小数」の導入の授業で，「0.01」を活動の中から見いだし，$\frac{1}{100}$の位までの小数の書き方や読み方を指導したときのものです。

　この授業では，水差しの水の量を調べたら「1.2Lとあと少し」になり，この"あと少し"の表し方を考えることが最初のめあてになりました。そして，子どもたちがアイデアを出し合い，追究していった結果，"あと少し"が0.1Lを10等分したうちの3つ分に当たることがわかってきました。
　ここで，0.1Lを10等分したうちの3つ分を表すために，0.1Lを10等分したうちの1つ分，すなわち，0.1Lの$\frac{1}{10}$をどう書き，どう言えばよいのかを

116

考えることが，次なるめあてとなります。

　子どもたちは，３年で0.1を見いだした経験を基に，0.1Lの$\frac{1}{10}$は0.01Lと書き，「れいてんれいいちリットル」と読むことを学びます。

　では，水差しのかさはどう言えばよいのか考えてみようということになり，これが次なるめあてになっていきます。

　このような，めあての変化と活動の連鎖が板書にも表れてきます。授業のまとめにおいては，**板書に見られるめあての変化や活動の連鎖を振り返ることが大事**になります。

　そう考えると，黒板にあまりにもたくさんの文字が書かれ，何が本当に大事なのかわかりにくいと思われる場合には，思いきって余計な文字などは消し，ポイントとなる部分だけ残すような工夫も必要です。

③ 学習内容の定着につながるまとめ

　めあてがいろいろと変化し，随所に考える場面があったにせよ，１時間に１つの問題を扱うだけでは，学習内容をしっかり定着させるためには不十分と言わざるを得ないケースもあります。そこで，**適用問題・練習問題を与え，学習内容の定着を図る時間もしっかりと確保したい**ものです。

　前述の４年「小数」の授業においても，適用問題を通して学習内容の定着を図り，教科書に掲載されている，１Lますに図示された液量（0.84L）を読み取る問題を評価問題として与え，問題ができたら教師のところにノートを見せに来るよう指示し，○つけを行いました。

第6章　授業のまとめ・評価の工夫　117

② 授業の振り返りができる板書づくり

　授業が終わった後の黒板を見れば，この1時間にどのような授業が行われたのかある程度想像ができます。子どもの問いによって授業のめあてが変化していく様子もわかりますし，そのめあてに対して子どもたちが盛んに考えを出し合っている様子もわかります。だから，板書を振り返るだけでもよいまとめになるはずです。

1　1枚の黒板から45分の授業展開が見えるか

　1枚の黒板に，45分の授業展開が見えるように書く。
　これは，算数授業における基本事項の1つとして，古くから重視されていることです。
　特に，学び合いの授業においては，子どもたちがお互いの考えを交流し，よりよいものへと高めていく場の中心は黒板であり，それらの足跡がしっかり残るのも黒板です。
　黒板の使い方は様々ですが，その1つに黒板を3分割する方法があります。おおまかに，導入→展開→まとめの順で，黒板の左から右へと使っていきます。
　左の三分の一（導入）は，問題やその問題に対する解決の予想などを書いたりするスペースです。
　中央の三分の一（展開）は，めあてやめあてに対する子どもの考えを書く

スペースです。話し合いの過程で出た子どもたちの発言などもこのスペースに吹き出しなどで整理していきます。

　右の三分の一（まとめ）には，本時のまとめに当たることを，言葉や図，式，表などで整理します。適用問題・練習問題もこのスペースです。

　もちろん，常に黒板の左から順番に書いていく必要はないので，45分間のドラマ（授業展開）がはっきりと見えるように，ダイナミックに黒板を使いたいものです。

子どもの考えや言葉が主役の板書づくり

　話し合いなどと同様に，**子どもが主役の板書からは，何かしら授業の楽しさがにじみ出ている**ことが感じ取れます。教師のていねいできれいな文字でまとめられた板書にうっとりさせられることもありますが，子どもたちが自分の考えを一生懸命に伝えようとする言葉や，絵や図などでいっぱいの板書にはかなわないでしょう。

　ところで，ときどき研究授業などで，あらかじめ教師が準備した，子どもたちが出すであろうと予想される考え方を書いたカードが黒板に貼り付けられた板書を見ることがあります。これは，一見すると子どもの考えを中心に授業が展開されたようにも思われますが，実態はまったく違い，そこに子ど

もの考えや発想は微塵もみられず，すべて教師主導で授業が展開されているはずです。

板書の動的な活用

　板書は，多くの場合静的要素が強いものです。しかし，学び合いの授業では，話し合いの展開などによって，動的に活用することが有効な場合があります。

　下の写真は，２年「たし算の筆算」の授業の一場面で，答えが同じになる式のカードを動かし，仲間集めの活動を行っています。**子どもの考えや話し合いの展開に伴って，板書が変化していくわけです。**

 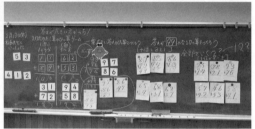

活用性のあるノートづくり

　板書は授業が終われば消してしまうものですが，子どもたちが書いたノートはずっと手元に残ります。だからこそ，後で困ったときなどに見返したくなるような，活用性の高いノートをつくることができるように指導しておきたいものです。そのようなノート指導の積み重ねが，学力の定着に大きく影響を及ぼすのです。

　それでは，活用性の高いノートとは，具体的にはどのようなものなのでしょうか。

　まず，板書を写しただけではなく，その授業のポイントや自分が間違えや

すいポイントなどが簡潔に整理されていなければなりません。

　また，形式的なことについていうと，単元ごとにラベルや付箋を貼り，いつどんな学習をしたのかすぐにわかるようにしておくことも，細かいことですが，ノートの活用性を高めます。使用するマーカーの色を決めることなども同様で，ノートの整理がうまい子どもは，こういった形式を本当にうまく整え，"マイノート"をつくっています。

　そして，指導する側の教師の視点で述べると，その授業に限らず，算数でよく使う考え方を，黒板上でその都度簡単に整理するようにしたら，活用性のあるノートづくりにつながります。

3 学習過程を評価する

これまでに行ってきた学習が有効だったかどうかは，授業の最後の適用問題の正答率などで推し量ることができます。しかし，子どもたちの学習意欲を大切にするなら，学習の結果だけでなく，学習の過程の評価も重視する必要があります。

子どものつぶやきを評価する

学び合いの授業では，子どもたちの言葉によるやりとりが中心になる場面が多くあります。その中では，第１章で述べたように，理路整然とした説明ばかりではなく，何かに気付いたときの「あっ」，疑問が生じたときの「えっ」，おどろいたときの「おー」など，子どもが思わず発するつぶやきなども聞こえてきます。

子どもたちは「あっ」というつぶやきに続く言葉を必ずもっているはずです。その続く言葉を教師は「今，○○さんは『あっ』と言ったけど，何か気付いたのかな？」とか「今の『あっ』に続く言葉を教えてくれるかな？」などとすかさず引き出します。場合によっては，「あっ」とか「えっ」といった言葉をのそのまま板書してもよいでしょう。そして，その後に続く言葉もていねいに板書します。**板書すること自体がその子どもへの評価になるわけです。**もちろん，「○○さんはおもしろいことに気付いたね」などと賞賛もします。

さらに、その気付きを膨らませたいときは、「〇〇さんは…というおもしろいことに気付いたけれど、みんなはどうですか？」と問い返し、考えを共有する場をもちます。

もちろん、授業のまとめにおいても、このような学び合いが「あっ」や「えっ」などの小さなつぶやきから広がっていったことを評価する言葉も忘れてはいけません。

❷ 板書とノートから振り返る自己評価

学び合いの授業の主体が子どもであるならば、評価においても、自己評価が重要な位置付けになってきます。単に「わかったか」「できたか」だけではなく、**自分の学習過程をしっかり評価するために、板書やノートを活用したいところです。**

例えば、授業の最後に、板書を見ながら「今日の授業は、〇〇さんの考えはよくわかったんだけど、△△さんの考えは難しかったので、もう一度聞いてみたいと思う」と授業を振り返らせたり、「商のたて方は前よりできるようになったけど、まだ1回で商がたてられる自信がないのでもっと練習したい」とノートの内容とリンクさせながら学習感想を書かせたりするという方法が考えられます。

主な参考文献

石田淳一『伝え合い学び合う「足場」のある算数授業』（明治図書）

石田淳一・神田恵子『子どももクラスも変わる！「学び合い」のある算数授業』（明治図書）

熊本市算数教育研究会『算数の"こだわり"を大切にする授業づくり』（東洋館出版社）

黒澤俊二『なぜ「算数的活動」なのか』（東洋館出版社）

小松信哉『算数の本質を貫く　話し合い活動を創るポイント』（東洋館出版社）

算数授業ＩＴ研究会『スクールプレゼンターで変わる算数の授業』（東洋館出版社）

杉江修治『協同学習入門』（ナカニシヤ出版）

田中博史・盛山隆雄『ほめて育てる算数言葉』（文溪堂）

田中博史『田中博史の楽しくて力がつく算数授業55の知恵』（文溪堂）

田中博史『語り始めの言葉「たとえば」で深まる算数授業』（東洋館出版社）

夏坂哲志『夏坂哲志の板書で輝く算数授業』（文溪堂）

日本協同学習教育学会『先生のためのアイディアブック』（ナカニシヤ出版）

細水保宏『算数のプロが教える授業づくりのコツ』（東洋館出版社）

正木孝昌『算数の授業で教えてはいけないこと，教えなくてはいけないこと』（黎明書房）

宮本博規『スペシャリスト直伝！　算数科授業成功の極意』（明治図書）

宮本博規『能動型・算数授業で確かな力を育てる』（東洋館出版社）

吉田新一郎・岩瀬直樹『効果10倍の〈学び〉の技法』（ＰＨＰ研究所）

筑波大学附属小学校算数研究部『算数授業研究』第23，24，53，67，86，91，94号

新算数教育研究会『新しい算数研究』No.477，514，519，520，521，522

文部科学省『初等教育資料』No.899，912

初等教育研究会『教育研究』No.1306，1336

菊池市立重味小学校『第29回算数研究発表会研究紀要』

林慶介・星野徳光・坂井武俊・宮本博規『重味の教育』

熊本市教育センター授業改善手引書『一人一人を大切にする授業づくりＱ＆Ａ集』

【著者紹介】

宮本　博規（みやもと　ひろき）

1958年熊本県生まれ。

熊本市立田迎西小学校長。

熊本大学教育学部数学科を卒業後，1982年熊本県菊池市立重味小学校に教諭として着任。その後，熊本市立小学校教諭，教頭，熊本市教育センター指導主事・所長補佐を経て現職。

全国算数授業研究会理事，基幹学力研究会算数世話人を務め，熊本県では12年間に渡り熊本県と熊本市の算数教育研究会の事務局長を務める。

熊本市立壺川小学校教諭時代には，NHK教育番組「わかる算数4年生」「わかる算数5年生」「わくわく授業～わたしの教え方～」等に出演。

主な著書に，『スペシャリスト直伝！　算数科授業成功の極意』（明治図書），『能動型・算数授業で確かな力を育てる』（東洋館出版社）他多数。

問題提示の工夫から話し合いの導き方まですべてわかる！

算数学び合い授業スタートブック

2015年2月初版第1刷刊 ©著　者	宮　　本　　博　　規	
2015年11月初版第5刷刊　　発行者	藤　　原　　久　　雄	
発行所	明治図書出版株式会社	

http://www.meijitosho.co.jp

（企画）矢口郁雄（校正）大内奈々子

〒114-0023　東京都北区滝野川7-46-1

振替00160-5-151318　電話03（5907）6701

ご注文窓口　電話03（5907）6668

＊検印省略　　　　　　　組版所　株式会社明昌堂

本書の無断コピーは，著作権・出版権にふれます。ご注意ください。

Printed in Japan　　　　　　　ISBN978-4-18-174116-7

好評発売中!

算数教科書に出てくる重要な「図」を教えるプロになろう!

算数教科書の「図」はこう教える!
数学的な表現方法教え方ガイドブック

志水　廣 監修／前川公一 編著
図書番号　1792／B5判 116頁／本体 2,100円＋税

算数の教科書に登場するテープ図、線分図、数直線、面積図、液量図などについて、系統的・継続的に指導するためのガイドブック。算数で重要と考えられ、指導すべき数学的な表現方法を取り上げ、その効果的な指導方法と子どもが自学できる練習問題のワークシートを掲載。

グループ学習を効果的に活用し思考力・表現力を育てよう!

「学び合い」を楽しみ深める!
グループ学習を取り入れた算数授業

石田淳一・神田恵子 著
図書番号 1818／A5判 132頁／本体 1,700円＋税

『「学び合い」のある算数授業』シリーズ第5弾の本書では、協同的な問題解決の有力な学習形態である「グループ学習」に焦点をあて、グループ学習の5つの役割や質の4つのレベルなどの理論とともに、指導の仕方、取り入れ方などの低・中・高学年の実践例を詳しく紹介。

教科書を活用しやる気も学力もアップする授業の秘訣が満載

クラス全員100点をめざす!
算数授業アイデア事典

藤本浩行 著
図書番号 1710／A5判 144頁／本体 1,600円＋税

算数授業が変われば子どもも学級も変わる―学力向上推進教員として年間800時間の算数授業を行ってきた著者が、新人・若手教師に向けて算数授業づくりでこれだけは押さえておきたいポイントを、授業術、教材・学び合う環境づくり、領域別Q＆Aなどにわけて徹底紹介!

明治図書　携帯・スマートフォンからは **明治図書ONLINE へ** 書籍の検索、注文ができます。　▶▶▶

http://www.meijitosho.co.jp　＊併記4桁の図書番号（英数字）でHP、携帯での検索・注文が簡単に行えます。

〒114-0023　東京都北区滝野川7-46-1　ご注文窓口　TEL (03)5907-6668　FAX (050)3156-2790

＊価格は全て本体価格表示です。

日本一ハッピーな クラスのつくり方

大反響につき続々増刷中！

金大竜（きむてりょん）著

A5判／132ページ／本体1,760円＋税
図書番号：0037

僕のクラスの価値基準はただ１つ、"そのことが、自分も含めたみんなのハッピーにつながるかどうか"。あいさつ勝負、ハッピーファイルにハッピー年表…、超個性的な実践で全国から注目を集める若手教師・金大竜が、その学級づくりのすべてを初公開！

ほめ方・しかり方の極意

教室で使える！スペシャリスト直伝！

東ちひろ 著

好評４刷！

A5判／148ページ／本体2,060円＋税
図書番号：1336

心理学とコーチングを使った独自のアプローチで、悩める先生と子育てママの電話相談に応えること延べ１万回以上。元幼稚園・小学校の教員にして現在はマザーズセラピー主宰である筆者が、子どもが確実に伸びる「ほめ方・しかり方」の極意を明かす！

明治図書　携帯・スマートフォンからは **明治図書ONLINE へ**　書籍の検索、注文ができます。▶▶▶

http://www.meijitosho.co.jp　＊併記４桁の図書番号（英数字）でHP、携帯での検索・注文が簡単に行えます。

〒114-0023　東京都北区滝野川7-46-1　ご注文窓口　TEL 03-5907-6668　FAX 050-3156-2790

＊価格は全て本体価格表示です。

大好評につき忽ち**4刷**

学級力がアップする！

教室掲示 & レイアウト アイデア事典

静岡教育サークル「シリウス」編著

教室の「いいね！」を集めたアイデア事典

子どもの個性が光る係活動のポスター、給食が楽しみになる献立表、教室がスッキリする収納術…などなど、小さな工夫ながら学級の雰囲気がガラッと変わる教室の掲示物やレイアウトのアイデアを、実際の写真とともに多数紹介。さぁ、学びの空間をデザインしよう！

A5判／144頁／1,700円＋税
図書番号：1153

明治図書　携帯・スマートフォンからは **明治図書ONLINE へ** 書籍の検索、注文ができます。▶▶▶
http://www.meijitosho.co.jp ＊併記4桁の図書番号（英数字）でHP、携帯での検索・注文が簡単に行えます。
〒114-0023　東京都北区滝野川7-46-1　ご注文窓口　TEL 03-5907-6668　FAX 050-3156-2790

＊価格は全て本体価格表示です。